부동산 생존
투자 전략

투자의 집중도를 높이기 위한

부동산 생존 투자 전략

부몽(유재창) 지음

한국경제신문 i

투자의 세계에서
끈기 있게 생존하기 위한 투자 전략

이 친구가 경매를 오래 할 수 있을까?

부몽님이 경매를 배우겠다고 강의장에 찾아왔을 때가 생각납니다. 한 눈으로 봐도 매우 젊고 유한 외모는 경매라는 단어와 정말 어울리지 않는 이미지였습니다. 하지만 수업을 수강하면서 보였던 당찬 눈빛과 함께 호기심 가득한 모습이 아직도 강하게 기억이 납니다.

투자금은 얼마 있지 않았지만, 주체할 수 없는 에너지는 투자를 시작하자마자 여기저기 폭발하기 시작했습니다. 경험이 부족했고 방향성이 제대로 잡히지 않았기 때문에 좌충우돌 튀는 모습은 다소 불안하기도 했지만, 시간이 지날수록 기우에 불과하다는 것을 알게 됐습니다. 어떤 문제가 발생하더라도 결국 해결하는 모습은 30대 초반의 청년이 아닌 노련미 넘치는 단단한 투자자의 모습으로 변하고 있는 것이었습니다.

그렇게 저는 부몽님을 유심히 지켜보면서 2016년도 다른 회원들에게 "부몽님은 부동산으로 꼭 성공시키겠다"고 공개적으로 이야기했었습니다. 2010년에 개설한 경매 카페(現네이버 - 부동산 경매 더리치)를 10년 가까이 운영하면서 정말 많은 사람이 저의 강의를 들었었고 그 짧지 않은 시간 속에서도 부몽님이 보여준 존재감과 강력한 성장 에너지의 잠재력을 보았기 때문입니다.

이 에너지를 올바른 길로 인도하면
어떤 결과가 나타날까?

저는 이 청년과 함께하는 투자 세계가 정말 궁금했습니다. 그래서 어떤 때는 격려와 칭찬으로, 어떤 때는 과제와 무거운 짐으로 조련하기 시작했습니다.

제일 먼저 일반회원들을 상대로 하는 공개 강의에 강사로 데뷔시켰습니다. 짧다면 짧고, 길다면 긴 투자의 시기에 수많은 우여곡절을 통해서 전달된 투자 이야기는 새로운 회원들에게 큰 감동을 주기에 충분했습니다.

다음은 더리치 카페 회원들을 위한 지역 임장 인솔자 및 지역 분석 프로젝트 등을 맡겼는데, 부몽님은 단 한 번도 두려워하지 않고 불편한 기색도 전혀 없이 모든 과제를 잘 마무리 지었습니다. 이를 성장의 발판으로 삼았고 그 경험으로 추가적인 기회를 파생해나가기 시작했습니다. 제가 운영하는 더리치라고 하는 보금자리에 안주하지 않고 다양한 채널을 발굴하고 추가 활동을 하는 모습을 보며 부뭉님의 성장은 저의 또 다른 즐거움으로 자리 잡게 되었습니다. 현재는 카페 내에서 제법 영향력 있는 회원이 되어 멘토링 활동을 하면서 멘티들에게 투자의 방향성을 잡아주고 투자하면서 배운 지식을 나눔하는 멘토로 성장하게 되었습니다.

초보 투자자의 심리를 다루고
성장해나가는 과정을 다룬 책

'내가 사면 집값이 떨어지는 것 아닐까?'
'투자금이 부족한데 부동산 투자가 정말 가능할까?'
'공부도 많이 해야 하고 신경 써야 할 일도 너무 많을 것 같은데?'

투자를 시작하기 전 부뭉님 또한 여느 누구와 다를 바 없는 일반인이었으니 의심도 많았고 두려움 또한 많았습니다. 그런데 이를 묵묵히 감내하고 극복하며 이겨나가고 있습니다.

실제로 투자의 세계에서 떨어져나갈 수 있는 위기들도 상당히 많이 있었습니다. 이 때문에 이 책은 다른 부동산 책들과는 구성 방식과 전개 방식이 다릅니다. 기술과 수익의 관점이 아닌 '감정의 변화'에 중심을 두고 이야기를 풀어가고 있습니다. 투자를 통해 얼마를 벌었는지 수익을 바라보기보다는 30대 초반의 젊은이가 투자를 시작하면서 어떤 위기에 봉착했고 문제를 해결하는 과정에서의 내면 심리에 집중해서 보는 것이 좋습니다.

그 속에서 당연히 투자 손실에 대한 내용도 등장하는데, 부동산을 통해 성공하고자 하는 투자자가 '손실'이라는 치부를 드러내고 그 내용을 적나라하게 다루고 있어 더욱 현실적으로 책에 몰입할 수 있습니다. 하지만 거기서 그쳤다면 이 책은 나오지 않았을 것입니다. 손실을 기회 삼아 위기를 극복했고, 그 과정에 상당한 기술적인 노하우가 숨어 있습니다. 그리고 부동산뿐 아니라 본인의 자본 규모와 상황에 맞추어 다양한 수익 사업을 한 것도 이 책의 별미라 생각합니다.

그러다 보니 부몽님의 실제 투자 이야기를 담은 이 책의 내용이 아주 알차고 재밌습니다. 부몽님의 완성기를 담은 책이 아닌 시작과 성장기를 담은 책이기 때문에 다소 겸손한 표현으로 작성되어 있지만, 초보 투자자들이나 투자를 준비하는 분들에게 '도전 의식'을 불러일으키는 내재적인 의미가 강하게 담겨 있습니다.

저는 이 책을 읽는 독자들에게 아랫글로 용기를 드리고 싶습니다. 그 이유는 이립이 조금 지난 나이(32세)에 부동산 투자의 세계에 들어온 부몽님은 그 꿈을 포기하지 않았기 때문입니다. 아래의 글은 미국 인권운동가인 마틴 루터킹 목사님의 저 유명한 연설 "나에게는 꿈이 있습니다"라는 한 대목입니다 저는 오늘 여러분에게 말씀드리고 싶습니다.

절망의 구렁에 빠져 허우적대지 맙시다. 비록 우리는 지금 고난을 마주하고 있지만, 나에게는 꿈이 있습니다. 그 꿈은 아메리칸 드림에 깊이 뿌리를 내리고 있습니다. 나에게는 꿈이 있습니다. 언젠가 이 나라가 '모든 인간은 평등하게 태어난다는 사실을 우리는 자명한 진리로 받아들인다'는 이 나라 건국 신조의 참뜻을 되새기며 살아가리라는 꿈입니다.

나에게는 꿈이 있습니다.

언젠가 조지아주의 붉은 언덕에서 노예의 후손과 노예 주인의 후손이 형제애라는 식탁 앞에 나란히 앉을 수 있는 날이 오리라는 꿈입니다.

나에게는 꿈이 있습니다.

부당함과 억압의 뜨거운 열기로 신음하는 미시시피주도 언젠가 자유와 정의가 샘솟는 오아시스가 되리라는 꿈입니다.

나에게는 꿈이 있습니다.

언젠가 내 아이들이 자신의 피부색이 아니라 인격으로 평가받는 나라에서 살게 되리라는 꿈입니다.

지금 나에게는 꿈이 있습니다!
지독한 인종차별주의자들이 들끓는 앨라배마, 주지사가 '주권 우위'라느니, '연방 법령 실시 거부'라느니 같은 말만 떠벌리는 저기 앨라배마에서도 언젠가 흑인 소년 소녀들이 백인 소년 소녀들과 형제자매처럼 손을 마주 잡게 되리라는 꿈입니다.

지금 나에게는 꿈이 있습니다!
언젠가 모든 골짜기가 솟아오르고 모든 언덕과 산등성이가 낮아지며, 고르지 않은 곳은 평평해지고 굽이진 곳은 곧게 펴질 것이요, '주님의 영광이 나타나 모든 인류가 그 영광을 함께 보게 되리라'는 꿈입니다. 이것이 우리의 희망입니다. 저는 이러한 믿음을 안고 남부로 돌아갈 것입니다.

일반적으로 대부분의 사람은 생각은 가득하지만, 그것을 행동으로 옮기는 사람들은 많지 않습니다. 그리고 투자를 시작했지만, 오랫동안 투자를 지속하는 것도 쉬운 일이 아닙니다. 이 책의 제목처럼 '부동산 투자의 세계에서 생존'하기 위한 부몽님의 끈질긴 모습은 대부분의 소액 투자자들이 배워야 할 자세라고 생각합니다. 물론 시작하지 않으면

추천사

아무런 변화가 생길 수 없습니다. 책을 읽으면서 사용한 소중한 시간인 만큼, 이 책을 읽는 모든 분이 부뚱님의 경험담으로부터 용기를 얻고 투자를 시작할 수 있는 기회로 삼아보시길 바랍니다.

좌표의 부동산 경매 더리치 대표이사
김종성(좌포)

들어가면서

부동산 투자의 전선에서 생존하기.
이제는 혼자가 아니기에

　　회사 생활에 어느 정도 적응한 30살, 노후에 대비할 수 있을 것 같은 장밋빛 미래의 장기 연금 저축과 안전자산이 눈에 아른거렸다. 재테크를 공부할수록 우리나라 경제가 너무 안 좋아 보였고, 수익률이 높은 금융 상품은 자산 손실의 함정에 빠질 것 같은 느낌이 들었다. 미래를 준비하기 위해 자산 관리사들이 설명해주는 내용을 꼼꼼히 비교하고, 결국 큰돈을 납입하는 장기 적금 상품에 가입하게 되었다.

　　당시 내 결심은 확고했다. 10년만 참고 잘 버텨 적금 상품의 만기가 되는 순간, 내 노후를 보장받을 수 있을 것이라는 생각에 안도감이 들었기 때문이다.

　　그리던 어느 날, 옆자리에 앉아 있던 회사 선배가 눈에 들어왔다. 회사에서 평판이 좋고 기술적으로 역량이 몹시 뛰어난 선배였지만, 집에서는 외벌이 가장으로 지출에 부담을 느끼는 경제적 비자유인의 표본이었다. 급여가 적지 않았음에도 가족들에게 필요한 지출은 끊임없이 발생했고, 돈을 모을 수가 없어 회사에 매달릴 수밖에 없었다.

근로 계약서에 사인하면서 평생을 몸 바칠 생각을 하고 입사했지만, 회사가 내 미래를 보장해주지 않고 책임져주지 않는다는 것을 절실하게 느낀 것이다. 결국, 선배의 현재 모습은 내 미래였다. 이렇게 적금과 직장만을 바라보며 현실에 순응하면서 살아야 하는 것일까?

그 뒤로 우연히 시작했던 부동산 투자는 내 인생을 송두리째 바꿔준 전환점이 되었다. 안전만을 지향하던 투자에서 벗어나, 리스크를 안고 미래를 바꿔보기로 마음을 먹게 되었다.

처음 접해본 투자의 세계는 충격으로 다가왔고, 경매 기초반에서 함께 공부했던 몇몇은 빠르게 낙찰받고 수익을 내기 시작했다. 그들은 기초반 동기들에게 용기를 불어주었고, '나도 할 수 있다'는 생각과 '다음엔 내 차례'라는 믿음을 갖게 했다.

하지만 현실은 녹록지 않았다. 성공을 기다리며 부동산 투자에 노크를 시작했지만, 투자금이 얼마 있지 않은 상태로 시작한 부동산 투자는 '시세 차익'이란 달콤한 열매를 쉽게 맺어주지 않았다.

역전세/공실/마이너스피를 통한 투자금 손실

미래를 바꾸고 싶어서 당차게 투자를 시작했지만 투자자를 우울하게 만드는 과정들이 너무나 많이 찾아왔다. 처음 진행해본 투자였기에 심리적으로 큰 충격을 받았고, 문제 하나를 해결하기 위해선 대부분 큰돈이 필요했다. 그러던 중, 주변에서 큰 수익을 내는 사람들이 나타나기 시작했고, 반면에 나는 부동산 투자가 맞지 않다는 생각까지 하며 돈도 제대로 벌지 못하고 자존감도 잃었다.

그럼에도 불구하고 이대로 포기하고 싶지는 않았다. 안간힘을 다해 투자의 세계에서만큼은 떨어지지 않으려고 절대 끈을 놓지 않았다. 그렇게 나는 버티기에 돌입했지만, 함께하던 사람들 중 대부분이 '투자금의 소진', '주택가격 폭락에 대한 두려움'이라는 암초에 발목을 잡혀서 한 명, 한 명 주위에서 사라져가고 있었다. 그분들은 투자의 세계에 들어오기 전 상태로 돌아간 것이다.

필자 또한 투자를 시작하기 전보다도 더 여유를 잃어갔다. 떠나가 버린 그들을 뒤쫓고 싶었다. 하지만 회사에서의 장기적인 비전은 보이지 않았고 점점 나이가 들어가는 부모님과 2세(또뭉이)를 배 속에 안고 있는 아내가 자꾸 눈에 들어와 결국 스스로를 다잡을 수밖에 없었다.

두려움과 싸워가며 손실과 수익 투자를 반복하면서 4년이라는 시간이 훌쩍 지나게 되었다. 수익을 내는 상황에서도 그 이면에는 언제나 손실이라는 양면성을 가지고 있었기에 쉽게 두려움은 가시지 않았고 공포는 여전했다.

상상이 만들어낸 두려움은 나를 계속 괴롭혔고 계속해서 싸울 수밖에 없었다. 힘들었지만 나를 믿고 따라주는 가족들이 있기에 아무리 힘들어도 더 독하게 헤쳐나갈 것이라는 다짐을 하게 되었다. 결국, 외적으로는 큰 변화가 없었을지라도 다양한 경험이라고 하는 날카로움이 조금씩 다듬어지기 시작했다.

나는 강하게 믿고 있다. 내가 지금 대박 투자와 성공의 길만을 달리고 있지는 않지만, 좌충우돌 경험을 쌓아가며 투자의 생태계에서 계속해서 살아 남을 수 있다면, 자연스럽게 경제적 자유는 따라올 수 있다고 말이다.

그렇게 내 경험을 정리하고 믿음을 다시 한 번 다지기 위해 이 책을 기획하게 되었다. 물론 혼자였다면 절대 쓰지 못했을 책이기에 이 자리를 빌려 많은 분들에게 감사의 말씀을 전하고 싶다. 먼저 이 책이 나올 수 있도록 가장 큰 도움을 주신 멘토, 좌포님. 그리고 항상 내 곁에서 희로애락을 함께하는 아내 코몽이. 나를 투자의 세계로 인도하신 날쌘뚱보 선배님. 함께 각자의 책을 쓰며 서로를 독려해준 새싹반 동기 아이언맨님과 랄라님. 그리고 더리치 회원들 모두와 출판사 관계자분들에게 감사의 말씀을 올리고 싶다.

그럼 부동산을 통해 성공할 수 있을 것이라는 필자의 믿음과 변화가 좌충우돌 경험을 기반으로 독자들에게도 잘 전달되고 변화의 전환점이 될 수 있기를 바란다.

"A ship in harbor is safe, but that is not what ships are built for"

- John A Shedd -

항구에 묶여 있는 배는 안전하다.

그러나 배는 항구에 묶어두려고 만든 것이 아니다.

Part 1.
부동산에 대한 집착

Part 2.
좌충우돌 투자와 고난의 일상

Part 3.

부동산 투자 2차전, 대반전이 시작되다

Part 4.
돈 되는 부동산 투자 노하우

Part 5.
투자의 집중도를 높이기 위한 부동산 생존 전략

Part 1.

부동산에 대한 집착

태어나기 전부터 정해진
임대업자의 꿈

외삼촌 : 내가 꿈을 꾸었는데, 참 이상한 꿈이었어.

어머니 : 무슨 꿈인데?

외삼촌 : 누나가 안경을 끼고 의자에 앉아서 책을 보고 있더라고.

누나 옆에는 어린 여자아이 둘이 피아노를 치고 있었어. 참으로

아늑하고, 평화로웠어. 그런데 그것이 끝이 아니었어.

어머니 : 또 뭐가 있었어?

외삼촌 : 너무 신기해서 또렷하게 기억에 남는데 말이지….

어머니 : 참 궁금하게 만드네.

외삼촌 : 어떤 남자아이도 한 명 있었는데 주변에 많은 사람들이

그 아이에게 돈 봉투를 계속해서 가져다주더라고.

약 40년 전, 어머니는 아버지와 연애를 하고 있을 때 외삼촌의 꿈을 그냥 흘려들었다고 한다. 하지만 지금 돌아보면 예지몽이 아니었을까? 시간이 지나고 누나 둘과 나를 낳게 된 순간, 예사롭지 않은 꿈이라 생각하셨다고 한다.

그러나 예지몽과 필자는 너무나 거리가 멀었다. 누나들은 모두 2~3년씩 선행 학습을 하고 우수한 성적으로 부모님의 자랑이었던 반면, 상대적으로 막내아들에 대한 자랑거리가 없었기 때문이다.

이런 상황에도 불구하고 나만의 자긍심을 갖게 된 이유가 있는데 그것은 어릴 적부터 어머니에게 숱하게 들었던 이야기, '나는 부자가 될 것이다'라는 반복 학습 덕분이었다. 다소 유치한 이야기지만, 어릴 적부터 이러한 긍정 멘트를 계속 듣다 보니 어머니의 이야기가 실현될 수 있을 것이라는 허황된 꿈을 갖고 어린 시절을 보내게 되었다.

결과론적인 이야기이지만, 부동산 투자를 시작하고 월세를 받고 있는 필자의 모습이 아닐까? 이렇게 세뇌 교육을 받았던 것이 자부심을 갖고 투자를 진행하는 원동력이 되었다.

부동산 상식이 없던 사회 초년생,
임대인과 홍역을 치르다

    사회 초년생 시절, 부모님에게 도움을 받아 경기도 남부 지역의 원룸 촌에 2,500만 원짜리 전세를 얻었던 적이 있다. 엘리베이터가 없는 4층짜리 원룸이었지만, 난생처음 혼자 거주할 수 있는 주택을 얻었다는 사실만으로도 굉장히 설렜다.

    도배도 장판도 깨끗하게 교체되어 있있기에 보는 것이 만족스러웠었다. 그렇게 나만의 보금자리에서 싱글 라이프를 즐기게 되었는데, 1년이 채 되지 않아 악몽이 찾아왔다.

곰팡이의 습격

새롭게 도배가 되어 있던 것은 모두 곰팡이를 감추기 위한 위장막에 불과했다. 결로에 굉장히 취약한 원룸 주택이었고, 환기도 잘 되지 않는 구조였기 때문에 곰팡이의 번식이 심각해질 수밖에 없었다.

계약 만기까지 1년이 남은 상황. 임대인에게 곰팡이 제거를 요청했지만 락스 한 통을 전달받은 것이 전부였다. 대체 이 락스로 어떻게 하라는 것인지 울며 겨자 먹기로 뿌려보았지만 곰팡이의 기세는 멈출 줄을 몰랐다. 이곳에서는 도저히 사람이 살 수 없을 것이라는 생각에 임대인에게 방을 빼고 싶다고 문의했다. 하지만 돌아온 것은 새로운 임차인을 구해서 나가라는 답변뿐, 남은 1년마저 곰팡이와 함께 동거하는 결과만 낳게 되었다.

문제는 시간이 지나 계약 기간이 종료되었는데도 새로운 임차인은 구해질 생각을 하지 않는 것이었다. 급기야 곰팡이는 옷걸이에 걸려 있는 옷가지들로 타고 올라오기 시작했다. 더 이상 참을 수가 없어 보증금을 받지 못한 채, 다른 집으로 이사를 가게 되었다.

그렇게 임대차계약 기간이 끝나고 보증금 반환을 기다리던 중 기존 집에 놓고 온 것이 있는 것 같아서 원룸을 찾아갔는데 도어락이 잠겨 있는 것이었다. 놀란 마음에 밖에 나가서 방 안을 얼핏 봤더니 누군가 내 집에서 거주하는 것이 아닌가? 계약 만기가 끝나고 임대인으로부터 보증금을 아직 절반도 받지 않은 상태였는데, 임대인이 새로운 임차인을 들인 것이었다.

순간 너무나 화가 나서 새로 들어온 임차인에게 따지기 위해 다시 원룸으로 올라갔다. 하지만 문을 연 순간, 더 이상 말을 이을 수가 없었다. 내 집에 살고 있던 사람은 다름 아닌 예전에 옥탑방에 살고 있던 사람으로, 그곳에서 내려와 살고 있었던 것이었다.

예전 이곳에 거주할 때 층간 소음으로 옥탑방에 올라갔던 적이 있었는데, 그곳엔 청각 장애가 있는 분이 살고 있어서 대화를 나누지 못하고 내려온 적이 있었다. 당시 아침만 되면 천장이 무너질 것 같은 진동과 사이렌 소리가 옥탑방에서 났었는데, 그것은 (청각 장애인용)알람 소리였던 것이다. 청각 장애인이라는 사실을 알고 그 상황을 이해하게 됐었는데, 이렇게 내 집에 거주하고 있다니 이 문제를 또 어떻게 풀어야 하나 심각한 고민이 생겼다. 마음이 약해 그 사람들한테 더 이상 어필하지도 못하고 집에 돌아와서 고민을 더 해보았다. 계약했던 부동산 중개업소는 이미 문을 닫았고, 중개사에게 전화해도 이젠 부동산 업무를 하지 않는다고 모르쇠로 일관하고 있었다.

결국, 직접 해결할 수밖에 없는 상황이었다. 여기저기 물어서 내용 증명이란 것을 작성했고 임대인에게 보증금 반환에 관한 내용을 발송하게 되었다. 참고로 당시 필자는 전입을 다른 집으로 옮긴 상황이었고 원룸이 경매에 넘어간다면 자칫 보증금 일부를 돌려받지 못할 수 있었다. 그 당시 부동산 지식이 얼마나 부족했는지를 알려주는 상황이었다. 결국, 시간이 지나 조금씩 보증금을 나눠서 돌려받게 되었고, 임대인과 싸워가며 전세 만기 4개월이 지나서야 전액을 돌려받을 수 있게 되었다.

| 2013-05-15 | 19:13:47 | 타행IB | 3,000,000 | 401호보증금 |
| 2013-04-30 | 17:11:51 | 타행IB | 10,000,000 | 401호보증금 |

임대인에게 2,500만 원의 보증금을 여러 번 나눠서 간신히 돌려받았다.

환상을 꿈꾸며 시작했던 원룸 생활은 스트레스받는 일의 연속이었다. 새벽에 필자의 집 문 앞에 쓰레기 더미를 버리고 가는 사람. 일반 쓰레기를 들고 와서 자연스럽게 필자가 사는 원룸 앞에 버리고 가는 사람. 밤만 되면 들리는 경찰차, 응급차 사이렌 소리. 방음 처리가 전혀 안 되어 옆집의 소음은 마치 한 공간에 살고 있는 사람이라는 착각이 들기까지 했었기에 내 보금자리에 대한 열망이 더욱 커졌다. 그 결과, 작은 원룸에서 시작했던 필자는 회사 생활을 시작하고 악착같이 지출을 최소화하며 주거 업그레이드에만 큰 힘을 쓰게 되었다.

부몽의 주거 업그레이드 이력

2011년 01월 – 원룸 전세
2013년 02월 – 1.5룸 월세
2015년 02월 – 19평 아파트 반전세
2016년 03월 – 19평 아파트 매매
2017년 03월 – 24평 아파트 매매
2018년 03월 – 30평 아파트 매매

7년 몇 개월 만에 원룸에서 30평 아파트에 살기까지 일반 회사원의 월급만으로 어떻게 가능했을까? 필자가 초보 투자자의 어수룩함에서부터 시작해, 조금씩 성장하는 과정에 겪었던 어렵고 험난했던 이야기를 실무 경험을 기반으로 한번 풀어보도록 하겠다. 과연 예지몽은 잘 이뤄질 수 있을지…. 중간중간 힘들었던 시간은 있었지만, 위기를 극복해나가면서 모두가 할 수 있다는 용기를 전달해드리고 싶다.

선배로부터
투자자로 간택받다

학교에 다닐 때 유독 친하게 지냈던 학교 동아리 선배 날쌘뚱보님 (이하 날쌘님)이 있었다. 필자는 04학번의 대학생이었고 선배는 94학번 의 직장인이었기에 친해질 수 있는 나이 차이는 아니었는데, 학교 행 사를 통해 다달이 만나면서 친분을 쌓았었다. 그렇게 필자가 졸업 후 에도 인연을 맺고 있었는데, 날쌘님이 필자에게 부동산 투자에 관해서 이야기를 들려주었다.

날쌘 : 요즘 부동산 투자에 대해서 관심을 갖게 됐어.

부몽 : 부동산 투자요? 오… 선배님. 역시 부자! 돈이 꽤 많으셨었 군요.

날쌘 : 그게 아니고. 소액으로 가능한 아파트 위주로만 투자했어. 나도 잘 몰랐는데 투자해보니 생각보다 투자금이 많이 필요하지 않더라고.

부몽 : (불신 가득한 느낌으로) 오. 수익은 좀 괜찮으신가요?

날쌘 : 아직 시작한 지 얼마 안 돼서 잘 모르겠는데, 지금 나 아파트가 다섯 채나 있어. 너도 시간 내서 강의 한번 들어봐. 인생이 바뀔 수 있으니깐. 다른 사람들은 모르겠는데, 너는 학교 다닐 때 주식 동호회 활동도 하고 이런 쪽에 관심이 있으리라 생각해서 얘기해주는 거야.

부몽 : 헉.

정말 충격이었다. 나와 같이 미생의 삶을 살고 있는 선배님일 것이라 생각했었는데, 어떻게 아파트를 다섯 채나 가지고 있는 것인지. 생각지도 않았던 선배의 말에 머리가 심하게 울리고 있었다.

그렇게 날쌘님의 주택 다섯 채에 혹해 반강제적으로 끌려갔던 경매 새싹반 수업. 약 40만 원이라는 강의비와 매주 화요일 퇴근 후 3시간씩 강의를 듣는 것이 부담스러웠지만, 선배를 믿고(다섯 채를 믿고) 강의를 수강하게 되었다.

새싹반 강의 시작하기 전에 일반 회원이 진행하는 공개 강의가 있다는 공지사항을 보게 되어 공개 강의도 신청했다. 지금 생각해보면 그 결정이 내 인생에 있어서 제대로 코가 꿰이고 낚여버린 사건이었다.

실전님과의 첫 만남. 많은 실전 경험을 기반으로 지금은 더리치에서 경매 새싹반과 투자 심화반 전자소송, 경매의 실전에 대해서 강의를 하고 있는 교수님이다.

실전님의 강의는 선배님에 대한 내 믿음(불안)을 더욱 확고하게 해주었다. 실전님은 직장을 퇴사 후 정기 소득이 없는 상태에서 부동산 투자를 시작했고, 경매 투자를 계속 진행하며 경험과 함께 수입을 얻기 시작한 것이었다.

공개 강의를 들으며 나도 언젠간 부동산 투자를 시작하고 실전님처럼 강단에 서보리라는 다부진 꿈을 꾸기 시작했다.

새싹반 1주차 수업 쉬는 시간. 선배 날쌘님이 간식을 사 오라고 강요 아닌 강요를 했고, 그 간식(지금 생각하면 뇌물)을 먹었던 새싹반 회원들이 나를 반장으로 뽑아주었다. 물론 반장이 되었다고 달라지는 것은 하나도 없다. 그저 나에 대한 존재를 더 부각시켜줄 뿐.

경매 새싹반 시작 후 카페 회원들과 소통하고 싶은 생각에 강의 후기와 이런저런 글을 많이
올렸었다. 그 덕분인지 나중에 회원들이 내 닉네임을 잘 기억을 하게 되었고 오프라인 모임
에서 먼저 알아봐주는 것에 감사한 생각이 들었다. 참고로 필자는 가입 후 4년 동안 '또순'이
라는 닉네임으로 활동했다.

그렇게 시작한 경매 새싹반 수업은 정말로 재미있었다. 돈이 걸린
강의였기 때문에 몰입도가 아주 높았고 열정을 다해서 강의를 진행해
주는 좌포님의 강의는 매료되기에 충분했다. 성별·나이·자산의 규모
에 상관없이 '부동산 투자'라고 하는 공동된 주제는 서로의 친밀도를
높이는 데 충분했다. 신기했던 것은 모두 닉네임을 부르고 서로 존칭
을 쓰는 것이었다. 처음엔 정말 부끄러웠는데, 나중엔 이름은 모르고
닉네임만 알고 지내는 사이도 꽤 자연스럽게 느껴졌다.

'경매라고 하는 것이 무조건 돈을 벌 수 있는 것은 아니구나. 경매
낙찰자가 나쁜 사람이 아니구나. 경매라고 하는 것이 단순 투자가 아

닌 자산을 지키기 위한 수단일 수 있구나.' 경매에 대한 생각의 벽이 무너지기 시작했다.

그중에서도 빠른 동기들은 수업 도중 경매 낙찰을 받고, 셀프 인테리어를 하면서 다른 동기들에게 큰 자극이 되었다. 일부 회원들은 투자의 경험이 있었기에 동기들에게 경험을 잘 전해주었다. 그리고 몇 년이 지난 지금까지도 새싹반 동기의 절반 정도 되는 인원이 정기 모임을 하고 온·오프라인 소통을 계속 진행하고 있다.

Part 2.

좌충우돌 투자와
고난의 일상

결혼하기 전,
월세 순수익 100만 원을 꿈꾸다

부동산 경매를 배우고 투자하기 전, 가장 먼저 해야 할 일은 목표를 정하는 일이었다. 투자할 때, 목표가 없다면 내 자산 규모에서 통제 불가능한 곳으로 투자가 이뤄질 수 있기 때문이다. 자산 규모가 작은 소액 투자자에게 리스크 대응은 필수이며, 확실한 목표를 잡고 그 길에서 크게 벗어나지 않아야 한다.

당시 필자는 결혼하기 전으로, '결혼하기 전 월세 100만 원'을 만드는 것을 단기 목표로 삼았다. 다시 이야기하면, 나의 자산(투자금)을 부동산에 투자해 월급 이외 또 다른 소득으로 100만 원(월)을 꿈꾸게 된 것이다.

참고로 여기서 월 100만 원이라고 하는 수치는 '월세 – 대출이자'의

금액의 총합을 말하는 것으로, 실질적인 월세 수입은 한 달에 200만 원 정도를 받아야 가능하다.

그런데 200만 원의 월세와 순수익 100만 원이 몹시 큰 금액처럼 느껴질 수도 있다. '결혼도 하지 않은 30대 초중반의 직장인이 이 정도의 수익을 내기 위해서는 대체 투자금의 규모가 어느 정도여야 가능한 것일까?' 이런 생각이 먼저 들 수도 있기 때문이다. 하지만 필자는 부모님께 조금도 지원받지 않은 상태였고, 일반 사기업에 다니고 있는 정말로 말 그대로의 '일반인'이었다는 점을 고려해주셨으면 좋겠다. 부동산 공부를 조금이라도 한 분들이라면 이 내용이 어떻게 가능한지 바로 알 수 있겠지만, 기본 공부를 하는 분들을 위해 하나 더 힌트를 드리자면 답은 레버리지 극대화에 있다.

레버리지란, 쉽게 대출(타인 자본)을 최대한 활용하는 것이며 기본적으로 담보 대출과 신용 대출을 사용하고 상황에 따라 단기 자금을 여기저기서 융통하는 것이다. 물론 임차인의 보증금 또한 레버리지의 범주에 들어가며 투자금을 최소화할 수 있는 수단이다.

그러면 월세 100만 원을 위해 어떤 주택을 레버리지 극대화의 타깃으로 삼았는지 이야기하도록 하겠다.

주택의 포지션을 분류하고 타깃팅하다

일반적으로 주택은 급수에 따라 수요 타깃이 다를 수밖에 없다. 수십억 원 가까이 하는 고가의 아파트들은 일반 서민들이 임대로 살 수 없으며, 방이 3~4개씩 있는 대형 평형 아파트의 경우는 혼자인 사람들이 거주하기는 목적에 맞지 않다. 다시 이야기하자면 투자금에 따라, 목적에 따라 주택의 타깃이 현저하게 달라져야 하는데, 그렇다면 소액 투자자가 월세 목적을 위해서 어떻게 주택을 구분해야 하는 것일까?

1, 2, 3, 4등급 아파트 사진

1등급 : 일반인들이 쉽게 매수할 수 없는 주택이다. 서울에서도 입지가 좋은 곳에 위치한, 앞자리가 다른 고가의 주택이다.

2등급 : 2등급부터는 일반인들도 실거주가 어느 정도는 가능하다. 신축 아파트로 생각하면 되며 가격대가 높기 때문에 소액 투자자의 투자 월세 아파트로는 적합하지는 않다.

3등급 : 어느 정도 인테리어가 되어 있고 어느 정도 살 만한 집이다. 이정도 주택이라면 임차인들이 사용료를 지불하고 임차를 할 가능성이 있다.

4등급 : 입지가 나쁘지는 않지만, 사용료는 내면서 거주하고 싶지 않은 주택이다. 집 상태와 기반 시설 자체가 좋지 않기 때문에 인테리어가 필요한 집이다.

그렇다면 소액 투자자들이 월세 목적을 위해서라면 어떤 주택을 타깃으로 해야 하는지 대충 감이 올 것이라 생각한다. 1, 2등급 주택은 사실상 월세 투자 대상으로 들어가서는 안 되며(못하며), 우리가 중점적으로 살펴야 하는 것은 3, 4등급의 주택이다.

필자는 그중에서도 4등급을 경매로 낙찰받고 셀프 인테리어를 통해 3등급으로 만들어서 수익 극대화를 노렸다. 참고로 3, 4등급 상태의 주택 역시도 가격 차이가 현저하기 때문에 소액 투자자는 어쩔 수 없이 셀프 인테리어를 최대한 활용할 수밖에 없다. 물론 가장 좋은 것은 4등급 주택 가격이지만, 3등급 주택 상태를 유지하고 있는 주택을 매수하는 것이다.

단돈 8만 원의 행복. 셀프 인테리어로 변화된 발코니(수리 전 : 왼쪽, 수리 후 : 오른쪽)

월세 아파트의 이상적인 조건

하지만 월세 아파트도 급이 있다. 무조건적으로 주택 가격을 기준으로 투자한다면 나중에 마음고생을 크게 할 수 있다. 소액 투자자의 가장 기본적인 조건은 수익금이 아닌 투자금 최소화에 있다.

그러면 투자금을 최소화하면서 소액 투자자들에게 가장 적합한 아파트의 조건을 살펴보도록 하겠다.

소액 투자자들에게 가장 적합한 아파트의 조건

구분	Case #1	Case #2
주택 가격	8,000만 원대	5,000만 원대
대출 (70%)	5,600만 원	3,500만 원
이자 (4%)	18.6만 원	11.6만 원
보증금	1,500만 원	1,000만 원
월세	35만 원	25만 원
투자금	900만 원	500만 원
순수익	16.4만 원	13.4만 원

Case #1) 8,000만 원대 아파트에 보증금 1,000~1,500만 원
Case #2) 5,000만 원대 아파트에 보증금 500~1,000만 원

위 두 가지 조건은 필자가 부동산을 공부하고 현장을 돌아보면서 소액 투자자가 투자하기 좋고, 지방 월세 투자자들이 가장 선호하는 금액대다. 2018년 9·13 대책 후 대출이 쉽지 않아졌다고 하더라도, 지방의 경우는 아직 대출이 잘 나오는 편이고, 주택 임대사업자 대출과 같은 특별한 상품을 잘 활용한다면 시세 대비 80%의 대출도 받을 수 있기 때문에 수익률이 훨씬 좋아질 수 있다.

그러면 위 Case 별 아파트를 하나씩 하나씩 보유하고 있다고 가정한다면, 1,400만 원을 투자해 월세 순이익 30만 원을 얻을 수 있다. 수익률 측면에서 보면 약 25% 정도 나온다는 것인데, 이런 물건이 20개 정도만 있다면 어떻게 될까? 단순 계산으로 1억 4,000만 원 투자에 월세 수익으로 300만 원이 나오게 된다. 물론 추가의 신용 대출 등 레버리지를 최대한 활용한다면 투자금은 더욱 낮아지고 수익률은 더욱 올라간다. 실제로 주변의 투자자들이 다양한 대출 상품을 활용해 투자금

《부동산 경매 필살기》 (매일경제)

을 최소화하고 있다.

　월급을 제외한 한 달에 300만 원의 추가 소득 꿈만 같지 않은가? 불가능하다고 생각할 수 있지만, 필자가 공부하고 있는 더리치 카페에서는 소액 투자자들의 제 2의 월급 통장을 만드는 이론과 실전의 가이드라인을 제시해주고 있었다.

월세 시세가 높아도 투자에
신중을 기울여야 하는 주택

1. 월세 수요가 얼마 없는 주택 단지
2. 보증금을 얼마 받지 못하는 지역
3. 주변에 신축 아파트가 공급되고, 일자리가 줄어드는 지역
4. 선호도가 떨어지고, 매도하기 어려운 주택

일반적으로 선호도가 몹시 떨어지는 엘리베이터가 없는 저층 아파트. 이런 주택의 경우. 임대는 어떨지 몰라도 원할 때 매도가 매우 어렵다.

지방에 위치한 주택을 여러 채 관리하는 것이 힘들다고 느껴질지 몰라도 내가 회사에서 매달 100만 원 정도를 받기 위해서 노동력을 얼마나 많이 소비해야 하는지 생각해보자. 노동력 관점에서 생각한다면 부동산 월세 투자는 직장에서 얻는 소득 대비 상당히 효율적이다. 일단 알짜 아파트를 잘 선정하고 임대차 계약이 맺어지면 납부한 자본만으로도 매달 일정한 현금 흐름이 발생하기 때문이다.

하지만 이 소득을 절대 불로소득이라고 생각하지 않았으면 좋겠다. 공부와 분석이 제대로 되지 않은 상태에서의 투자는 '애물단지의 주택'이라는 함정에 빠질 가능성이 높기 때문에 철저하게 물건 선택에 많은 시간을 쏟아야 한다. 발품을 팔고 공부를 한 만큼 좋은 투자를 할 수 있기 때문에 오랜 시간을 공들여야 한다. 그러면 이러한 수익을 위해 필자가 어떤 방식으로 투자를 진행했는지 실제 사례를 통해 알아보자.

월세 소득과 시세 차익
모두 얻은 투자금 제로의 경매 투자

그렇게 해서 경매를 배우고 물건을 살펴보던 중, 내 마음을 흔들게 했던 단지가 경매로 나왔다. 이 단지는 2015년 말, 처음으로 월세 투자 (일반 매매)를 진행했던 아파트로 1금융권에서 담보 대출을 받아 매달 30만 원(연 : 360만 원)이라는 순수익을 내고 있었기 때문에 입찰에 대한 욕심이 가득했다. 첫 투자 당시, 잔금을 치르기도 선에 임대가 맞춰졌기 때문에 월세 수요 또한 충분할 것이라는 판단으로 경매 물건을 꼭 낙찰받고 싶었다.

경매에 대한 오해와 생각을 바꾸기

부동산 경매는 '채권자와 채무자의 관점'에서 생각하면 굉장히 긍정적인 절차다. 일반적으로 주변 사람들에게 부동산 경매에 대해 이야기하면 대부분 고개를 절레절레 흔든다. 낙찰자의 신분으로 어려운 사람들을 쫓아내는 사회악과 같은 존재로 인식하기 때문이다. 언론과 미디어가 쫓겨나는 점유자를 사회적인 약자로 표현하고 있기 때문에 부정적인 인식이 바뀌지 않고 있다.

하지만 2019년 사회적 이슈가 되고 있는 연예계 빚투(법의 사각에서 일어난 채무 불이행 사건을 폭로를 통해 공론화한 미투 운동에 빗대어 '빚투'라는 별칭이 붙여졌다)의 관점에서 생각해보자. 누군가에게 돈을 빌려줬는데, 채무자가 계속해서 돈을 돌려주지 않는다면 어떻게 해야 하는가? 채무자에게 직접적으로 돈을 받을 수가 없으니 어쩔 수 없이 법원의 힘을 빌려 부동산 경매를 통해 채권을 회수할 수 있다. 이런 경우라면 사실 많은 사람들이 부동산 경매에 대해서 열광을 해야 한다.

즉, 부동산 경매는 '낙찰자와 점유자'의 관계라는 고정관념으로 접근해서는 안 되는 내용이며 사실상 채권자와 채무자의 관점으로 접근이 필요하다. 부동산 경매의 원 취지를 잘 생각해 경매를 통해 (자산 회수의) 어려움에 빠져 있는 채권자에게 큰 도움이 되어보자.

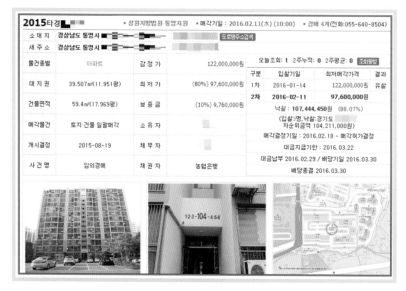

경매 사설 정보지에서 확인했던 입찰 물건

부동산 경매의 경우 부동산을 취득하려면

- **지역 분석**

- **사건(권리) 분석**

- **물건 분석**

위의 순서로 해당 부동산에 대한 총체적인 분석을 해야 한다.

아무리 수익률이 좋아 보이는 물건이라도 위의 절차 중 한 가지라도 빠지게 된다면 큰 손해를 볼 수 있기 때문이다. 그래서 필자의 경우도 입찰하기 전에 분석을 마치고 불확실한 부분은 꼭 현장에서 확인하는 습관을 들이고 있다.

부동산 경매 정보는 어디서 확인할 수 있을까?🏠

일반적으로 부동산 경매는 대한민국 법원 경매 사이트(www.court auction.go.kr)에 공지된다. 하지만 법원 경매 사이트는 가독성과 편의성이 몹시 떨어져서 일반 사용자들은 잘 활용하지 않고 있다. 이 때문에 서비스 비용을 지불하더라도 유료의 사설 경매 정보지를 많이 이용하고 있다.

대법원 경매 사이트

1) 지역 분석 : 임대 목적으로 우수한 지역

해당 물건은 땅끝마을 통영으로, 조선업이 메인이었던 곳이다. 하지만 통영에 위치하고 있는 중견 조선업들이 무너지면서 지역 경제가 급락하기 시작했다. 많은 사람들 이런 지역의 부동산 투자는 절대 쳐다도 보면 안 된다고 이야기한다. 물론 상황에 따라 맞는 말일 수

도 있지만, 투자자라면 목적과 방법에 따라 의사결정을 다르게 할 줄
도 알아야 한다고 생각한다. 참고로 경제가 어려운 지역들은 경매 입
찰 경쟁률이 낮기 때문에 다른 지역보다 낙찰가율이 많이 떨어진다.

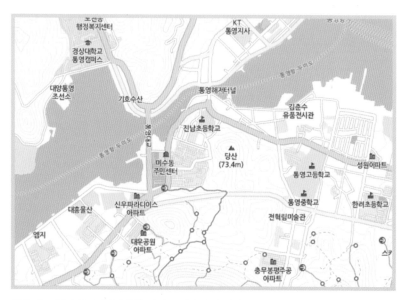

통영 대교 이남에는 임대가 좋은 아파트 단지가 몇 있다.

　입찰 예정 물건은 매매 시세 대비(1억 2,000만 원 선) 임대 시세(3,000
만 원 보증금/50만 원 월세)가 좋다. 또한, 경매로 저렴하게 낙찰받으면
수익률은 현저하게 올라가기 때문에 유독 관심 있게 보았다. 위 사진
(통영 미륵도)의 지역은 당시 통영 케이블카와 함께 관광 산업이 집중적
으로 육성되고 있던 곳으로, 주변 주거 여건이 좋은 아파트가 많지 않
아 특정 단지들만 거래가 활발히 이뤄지고 있었다.

2) 사건 분석 : 특이사항 없음

No	접수	권리종류	권리자	채권금액	비고	소멸여부
1(갑5)	2011.11.18	소유권이전(매매)				
2(을12)	2011.11.18	근저당	농협중앙회 (통영한려지점)	42,000,000원	말소기준등기	소멸
3(을14)	2014.02.24	지분전부근저당		22,500,000원		소멸
4(갑6)	2015.03.11	지분가압류	한국씨티은행	30,244,782원		소멸
5(갑8)	2015.06.03	지분가압류	흥국생명보험(주)	6,190,730원		소멸
6(갑10)	2015.07.02	지분가압류	금남농협	10,703,567원		소멸
7(갑11)	2015.07.24	지분전부이전			상속, 지분 1/2	
8(갑12)	2015.08.20	임의경매	농협은행 (진주여신관리단)	청구금액: 17,764,970원		소멸
9(갑13)	2015.08.27	지분가압류	농협은행	5,176,165원		소멸
10(갑14)	2015.08.31	지분가압류	서울보증보험(주)	28,445,820원		소멸
11(갑15)	2015.10.05	가압류	현대캐피탈(주)	16,722,245원		소멸
12(갑16)	2015.11.02	지분가압류	경상남도	180,592,499원		소멸
13(갑17)	2015.11.04	지분가압류	(주)태강대부	3,607,019원		소멸
14(갑18)	2015.11.12	지분가압류	서울보증보험(주)	20,000,000원		소멸

임대차 관계가 없는 권리사항. 일반적으로 말소기준만 체크하면 낙찰자에게 인수되는 권리가 없다.

얼핏 보면 권리관계가 지저분해 보이는 사건이지만, 말소기준권리 (근저당, 2011.11.18) 이후 모두 소멸되는 권리로 낙찰자에게 인수되는 권리가 전혀 없기에 3초면 권리 분석이 끝나는 물건이다. 임대차 사항 및 전입세대 열람 시 점유하고 있는 사람도 없기 때문에 실제 점유자 여부만 체크하기 위해 임장을 떠났다.

경매의 권리 분석

부동산 경매에서 입찰하고자 하는 사람은 낙찰 후에 그 부동산과 관련해 인수해야 하는 권리가 있는지의 여부를 파악해야 하는데, 이를 권리 분석이라고 한다. 대부분의 부동산은 경매로 낙찰되면 그 부동산에 존재하던 권리들이 대부분 낙찰로 소멸된다. 그러나 낙찰 후에도 소멸되지 않고 그대로 부동산에 남아 낙찰자에게 인수(낙찰 후 잔금까지 치렀음에도 소유권을 빼앗긴다든지 아니면 돈을 대신 갚아줘야 하는 등)되는 권리도 있기 때문에 꼭 공부가 필요하다. 필자가 받았던 경매 사건은 인수되는 권리가 없는 건으로 권리 분석에 문제가 없는 물건이었다.

3) 물건 분석 : 4등급 주택으로 셀프 인테리어가 가능한 주택

경매 물건으로 진입 당시 내부 상태. 대부분 정리되어 있어 깔끔했다.

투자 시작 3개월 만에 목표의 절반
(임대 소득 순수익 50만 원)을 달성하다

해당 주택은 상태가 우수하지는 않았지만, 셀프 수리를 통해 앞에서 정리했었던 3등급으로 만드는 데 어려움이 없어 보였다. 그렇게 지역 분석·사건 분석·물건 분석을 통해 임대 목적으로 해당 주택을 입찰하고 낙찰받게 되었는데 전화 한 통으로 임차인과 명도를 마치고 소유권을 온전히 넘겨받게 되었다.

그러면 이 물건이 주는 임대 수익률은 어땠을까?

경매 낙찰 물건 투자 수익률

항목	금액
낙찰가	1억 744만 원
대출	9,540만 원
임대보증금	1,500만 원
월 차임료	52만 원
투자금 (1-2-3)	-296만 원
수익률	계산 불가

대출과 임대보증금을 받으니 오히려 투자금이 생긴 투자가 되었다.

담보 대출 8,540만 원과 신용 대출 1,000만 원을 추가해 100% 레버리지를 통해 투자금이 전혀 들지 않고서도 매달 20만 원 정도의 순수익을 안겨준 투자가 되었다. 일반 매매로 투자했던 물건(매달 30만 원 순 수익)과 함께 물건 두 개만으로 일 년 동안 600만 원의 월세 수익을 얻게 되었다.

필자가 처음 부동산과 경매를 진행한다고 했을 때, 주변에서는 절대 진행하지 말라고 말렸었다. 특히 필자와 가장 가까운 가족의 반대가 제일 심했는데, 언론에서 알려주는 무서운 내용을 경제적인 상황과 엮어서 큰일 날 것이라는 이야기를 곁들였었다. 하지만 달콤함이든 쓴맛이든 직접 경험한 사람들을 통해서 전달받아야 도움이 되지 않을까? 믿고 따르는 선배 날쌘님의 선행 투자가 있었고, 더리치 회원 중에 필자와 비슷한 사람들의 성공 투자를 통해서 투자에 대한 확신이 있었다.

　　30대 초반의 나이로 또래 친구들보다 빠른 부동산 투자 경험을 진행하면서 투자의 매력에 점점 빠져들었고, 투자자가 되기 위한 과정을 걷게 되었다. 이 경매 사건 문제의 해결 방법은 《부동산 경매로 365일 월세를 꿈꾸는 사람들》의 또순 편(34살 젊은이의 투자 이야기)에 별도로 상세 기술했으니 궁금한 분들은 이 책을 통해서 확인해보시길 바란다.

부동산 경매의 장점과 단점

1) 장점
- 시세보다 싸게 매입할 수 있고, 매입 가격을 내가 결정한다.
- 공정하고 투명해 부동산 사기를 당할 일이 없다.
- 각종 규제가 일반 매매보다 좀 더 자유롭다.
- 기본만 알아도 대부분의 물건을 입찰할 수 있다.

2) 단점
- 부정적인 이미지가 강하다.
- 명도의 난이도가 있다.
- 투자자 자신이 모든 것을 책임진다.
- 권리 분석이라는 암초가 있다.
- 부동산 내부를 보지 않고 낙찰을 받기도 한다.

입찰 당일까지 손을 놓을 수 없었던
아쉬운 경매 임장 여행기

두 가지 목적을 갖고 접근할 수 있는 경매 입찰 물건을 찾게 되었다. 첫 번째 목적은 단타, 두 번째 목적은 실거주. 상황에 따라 입찰 목적을 바꾸려 했고, 입찰을 위해 다시 한 번 위에서 정리했었던 세 가지 기준으로 분석해보았다.

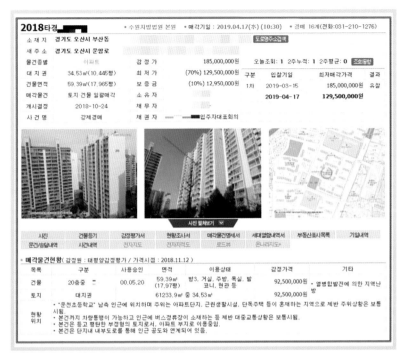

실거주를 위해 입찰하기로 한 경매 물건

1) 권리 분석 : 특이사항 없음

채무자겸 소유자가 거주하고 있는 주택이었는데, 걱정되는 것이 있다면 채무액이 조금 작은 것뿐이었고, 그것 말고는 문제가 되는 것은 없다. 채무자도 배당을 받기 때문에 명도 또한 어렵지 않을 것으로 예상되었다.

  * 참고로 해당 사건은 소유자가 보유하고 있는 상가의 관리비가 어느 정도 미납되어 상가 관리사무실에서 경매를 신청했던 건이다.

2) 지역 분석 : 주거하기 좋은 주민들의 만족도가 높은 지역

아파트 단지에 둘러쌓여 있어 살기 좋은 곳이다. 초·중·고등학교, 도서관 모두 도보 가능한 거리이며 북측에 종합운동장. 스포츠센터 등 편의시설이 위치하고 있다.

해당 아파트는 입지적으로 아주 좋은 곳이다. 주변에 공공 편의시설이 도보로 이동 가능하고, 오산에 몇 되지 않는 택지개발지구에 속해 쾌적한 곳이다. 필자가 몇 년 동안 살던 곳으로 잘 아는 곳이기 때문에 지역 분석에 어려움은 없었다.

다만 최근 부동산 상황을 잘 알지 못하니 부동산을 몇 군데 들어가서 임대가 목적이 아니기 때문에 매매 가격과 거래량만 체크했다.

3) 물건 분석 : 소유자가 부재중으로 확인이 어려움

퇴근 후 시간을 내어 찾아갔지만, 소유자의 부재로 인해 내부 진입이 어려웠다.

반대로 노후된 주택에 젊은 세대가 소유권이전등기를 한 지 얼마 되지 않았고 소유자가 신혼부부의 느낌이 난다면? 수리가 어느 정도 이뤄진 채 이사했을 가능성이 있다.

늦은 시간에 찾아가도 아무도 만날 수 없었고, 전기 계량기를 살펴보니 전혀 움직임이 없었다. 공실이 아닌가 싶다가도 관리사무실에 물어보니 밀린 관리비가 두세 달 치(약 30만 원) 정도 된다고 한다. 그래도 그전까지는 잘 사용을 했다는 것인데 혹시 모를 상황을 생각해서 관리실에 찾아가서 물어보았다.

부몽 : 안녕하세요. 지금 경매 물건 때문에 잠시 방문했는데, 집에 아무도 안 사는 것 같습니다. 전기 계량기나 이런 것도 전혀 안 돌아가는데, 혹시 집주인 분한테 무슨 일 생긴 것은 아닌가 싶어서요. 혹시 최근에 따로 연락해본 적이 있으신가요? (채무자의 점유를 체크하기 위해 물어본 것이다)

관리실 : 없습니다. 연락했다고 해도 따로 말씀드릴 수는 없어요.

부몽 : 그럼 실례가 되지 않는다면, 지금 인터폰으로 연락 한 번 해주실 수 있으신가요? 안에 계신 분이 조금 걱정되어서요.

관리실 : 그렇게 하기는 어려울 것 같네요.

혹시나 하는 마음으로 넌지시 물어봤지만, 단호하게 거절당하고 다시 단지로 돌아와서 강제경매를 신청한 곳을 찾아서 연락해보았다(경매 신청자가 개인이 아니었기 때문에 쉽게 인터넷 검색이 되었다).

  부몽 : 안녕하세요. 귀사에서 신청한 경매 물건 나온 것 때문에 잠시 연락드렸습니다. 혹시 담당자분이랑 통화할 수 있을까요?

  그렇게 한 분을 바꿔주었다.
  경매 신청자와 잠시 이런저런 대화를 나누는데, '우리는 채권만 회수하면 되는 것이기 때문에 원하는 내용은 전달해줄 수 없다'고 했다. 게다가 자꾸 경매 절차에 대해서 훈수를 둔다. 절차는 나도 다 아는 내용이었지만, 아쉬운 것은 나였기에 내용을 다 들어주었다. 결국, 첫날은 허탕을 치고 며칠이 지나 금요일 밤 다시 한 번 찾아갔다. 다른 날은 몰라도 왠지 금요일 밤에는 집에 있을 수도 있다는 생각으로 찾아갔었는데 밖에서 보니 다행히 거실에 불이 켜져 있었다.

목적이 명확하면 경매 임장에 자신감이 생긴다

부동 : 안녕하세요. 집 좀 보러왔습니다.

(똑똑)

여러 번 현관문을 두드리니 주인분의 목소리가 들린다.

집주인 : 왜 그러시는데요?

부동 : 집 좀 보러왔는데, 복도에서 주변에 피해를 줄 것 같아서 잠시 들어가서 얘기를 나눌 수 있을까요?

집주인 : 누구신데요?

부동 : 경매 때문에 찾아왔습니다. (배려 차원으로 문밖에선 최대한 경매 얘기를 안 하고 싶었는데 언제나 경매 얘기를 꺼내게 된다)

그렇게 문밖에서 대화를 나누다가 문이 열리게 되었는데, 미지에 감춰져 있던 집 내부가 보였다.

그런데… '아 수리가 안 되어 있다…'

그렇게 대화를 나누며 티 안 나게 주변을 살펴보았는데, 아쉬움 속에서 얼핏 보이는 한 줄기의 빛. '수리가 되어 있는 화장실' 다른 것이 수리가 안 되어 있다고 하더라도 화장실만 되어 있으면 큰돈이 들어가지 않을 것이라는 생각이다. 왜? 이 단지는 UBR 화장실이기 때문이다.

UBR 화장실이란?

UBR은 Unit Bathroom이라는 의미로 조립식 화장실을 의미한다. UBR 화장실을 수리하게 될 경우, 조립식 내부 구조물을 걷어내고 시공하는데, 방수 처리가 안 되어 있기 때문에 수리가 복잡하고 일반 화장실보다 시공비가 100만 원 이상 비싸다. 가끔 오래된 주택의 화장실은 건설 비용을 줄이기 위해 UBR 타입으로 설치되어 있는 경우가 종종 있다. 이를 확인하기 가장 쉬운 것은 부동산 중개업소에 물어보든지 화장실 벽면을 직접 두드려보면 속이 비어 있는 플라스틱처럼 통통 소리가 난다.

부몽 : 사장님 최근 경매 1차 결과(유찰)가 나왔는데 혹시 내용 알고 계신가요?

집주인 : 아니요. 낙찰되었나요?

'아… 모르는 척하시는 건지, 사건에 대해 무지하신 건지'

부몽 : 일단 유찰되었고, 최초 가격보다 6,000만 원 정도 낮게 금액이 책정되었습니다.

집주인 : 입찰하지 마세요.

아직 내 말은 안 끝났는데 말꼬리를 끊는다.

부몽 : 무슨 사유가 있으신 건가요?

집주인 : 됐으니깐, 입찰하지 말라고요.

목소리에 날이 좀 서 있긴 하지만, 이곳까지 와서 어렵게 점유자를 만나 아무 소득도 없이 돌아갈 수는 없는 노릇이라 필자의 생각을 전달하고 싶었다.

부몽 : 사장님, 제가 오늘 찾아온 것은 경매 물건을 보러 찾아온 것입니다. 제가 직접 입찰할 수도 있고 저와 함께 투자하시는 분들이 입찰할 수도 있는데, 그러기에 앞서 제가 방문을 드리게 된 것입니다. 제가 입찰을 안 할 수 있어도 다른 분들은 그렇게 생각하지 않을 수가 있습니다.

부몽 : 그리고 입찰기일까지 얼마 남지 않은 시간(경매 취하를 위해) 자금 마련이 쉽지 않으실 수도 있어요. 그렇게 되었을 때는 어떻게 할지 생각해보셨나요?

집주인 : 됐으니깐, 입찰하지 마시라고요.

똑같은 상황이 반복되고 있었다. 일단 말이 풀려야 실마리를 찾을 수 있을 텐데 대화가 진행되지 않는다. 이럴 때는 뭐든 말을 걸어보긴 해야 한다.

부몽 : 사장님. 그렇다면 집을 미리 파실 생각은 없으신가요? 지금 해당 지역 경매 분위기상 거의 최저가 근처에 낙찰될 확률이 높습니다. 얼마 전, 다른 단지도 그 정도 수준에서 낙찰됐고요. 낙찰되고 난 다음에는 돈이 마련되어도 취하할 수가 없어요. 사장님 생각처럼 단기 자금이 융통되어서 경매가 취하된다면 그건 참 다행인 일인데, 만약의 일도 생각해보셔야 하는 것 아니십니까. 살면서 많은 일들이 있으셨을 텐데, 계획대로만 일이 처리되지 않는 것은 잘 아시잖아요. 지금 상황에서 경매 낙찰되면 사장님의 피해가 정말 크실 수 있어요. 이성적으로 이런 결과도 생각해보셔야죠.

집주인 : ….

부몽 : 사장님, 그러면 제가 명함 하나 드리고 가겠습니다. 일을 진행하시다가 안 될 것 같다고 생각되시면 바로 연락해주시길 바랍니다. 그래도 어느 정도 시간적 여유를 주고 연락을 주셔야 저희도 돈을 마련할 수가 있으니 고려해주시고 연락해주시길 바랍니다.

당당하게 경매 팀장의 직위를 박아서 출력했다. 뒷면에는 법원 경매, 명도(강제집행), 전문 투자 컨설팅 내용까지 내용을 담아놓았다.

집주인 : 경매를 주로 하시나 보네요.

부몽 : 네, 경매 물건 전문으로 처리하고 있으니 경매 취하 후 아파트 소유권 이전하는 것은 걱정하지 말고 연락해주시면 됩니다. 실례가 되겠지만, 사진 좀 찍어가도록 하겠습니다.

집주인 : 안 돼요.

권유형이 아닌 그냥 사진을 찍겠다고 이야기했지만 거절당했다. 당황해서 사진을 찍으라고 대답할 줄 알았는데 필자가 계속 사정해도 찍지 말라고 한다. 아쉬움을 머금고 그렇게 돌아서 나가려는 찰나.

부몽 : 손에 밖에서 뭐가 좀 묻어서 그런데 화장실 좀 사용해도 괜찮으시겠습니까?

손을 씻으려는 목적이 아닌, 내부를 좀 살펴보기 위해서 화장실로 이동하겠다고 이야기를 했다. 그리고 화장실 가는 길에 최대한 둘러보았지만, 수리가 되어 있는 곳은 화장실뿐이었다. 그렇게 오랜만의 임장이 잘 마무리되었다.

기억의 휘발성

임장을 다녀오면 점유자와의 대화에 집중하느라, 주변을 살피기가 쉽지가 않다. 부동산 경매 임장에 익숙해진다면 하나둘 꼼꼼히 다

2인 임장의 중요성

챙길 수 있겠지만, 일반적인 경우 긴장감 때문에 쉽지가 않다.
그렇다면 어떻게 대응하는 것이 좋을까? 현관문을 두드리기 전에 휴대폰 녹음기나 카메라 어플로 영상을 촬영하자. 물론 대놓고 찍으라는 것은 아니며 자연스럽게 들고 있으면서 점유자와 대화를 나누는 중에 내부를 살짝 훑어보자. 이런 점에서 2인 임장이 유리한데, 그 이유는 한 명은 점유자와 대화를 나누고 다른 한 명은 영상을 찍을 수 있다. 다른 임장자가 대화를 나누고 있을 때 필자가 영상 중 일부를 사진으로 캡쳐했다.

많은 사람들이 부동산 경매 물건 임장에 부담스러워한다. 트렁크 팬티 하나만 입고 나오는 점유자, 시퍼런 문신을 온몸에 두르고 있는 점유자 등 경매를 하다 보면 이야기 속에서 등장하는 사람들도 실제로

(가끔) 만나볼 수 있다.

하지만 이들도 하나의 주택에 거주하고 있는 사람이고 입찰을 위한 목적이 명확하다면 미리 정리된 내용으로 대화를 나누는 데 큰 어려움이 없다. 아무런 분석 없이 임장을 간다면 대화를 제대로 나누지도 못하고 돌아갈 가능성이 높기 때문에 경매 점유자가 대화를 나누고 싶은 포인트를 찾아서 접근해보자. 꼭 원하는 대로 대화를 이끌 수 없다고 하더라도, 내부에 진입해 점유자를 만나보고 집 상태를 보았다면 90% 이상은 성공했다고 볼 수 있다.

그렇게 임장을 마치고, 채무자 겸 소유자로부터 매도 협상이 들어오길 기다렸는데 연락이 오질 않는다. 아마 경매 취하 자금 마련을 위해 계속해서 알아보고 있으리라 생각되어 입찰기일 2주 전에 다시 한 번 채무자를 찾아가 보았다.

부몽 : 안녕하세요. 부몽입니다.
집주인 : 누구신가요?

계속 현관문을 두드리니 문이 열린다.

부몽 : 안녕하세요. 지난번 경매 건으로, 매수 문의를 드렸던 사람입니다.
집주인 : 가세요.

부몽 : 혹시 제가 문의드렸던 부분은 검토해보셨는지 문의를 드리러 왔습니다.

집주인 : 가세요.

더 이상 대화하고 싶지 않다는 굳은 의지가 보인다. 한 번 더 물어보면 혼날 것 같은 느낌이 들더니 강한 소리와 함께 문이 닫혔다. 일단 지금까지 상황으로 보면 집에 대한 애착이 강하고 경매 취하에 대한 생각이 상당한 것 같은데 나 역시도 매각 기일이 오기까지 한 번 고민 해보기로 했다.

만약 경매가 넘어가서 낙찰받게 되면 강제경매 진행 건으로 잔금 전에 쉽게 취하가 불가능할 텐데, 뭔가 잘못 생각하고 있는 것은 아닌 지 혹시 몰라서 경매를 신청했던 채권자에게 다시 전화했다.

부동산 경매의 종류

1) 강제경매 : 채무명의(확정된 이행판결문, 가집행선고부 판결, 확정된 지급명령, 화해조서, 조정조서, 공증된 금전채권 문서)를 가지고 있는 채권자가 채무자 소유의 부동산이나 동산을 압류한 후, 경매를 진행시켜 매각대금에서 금전채권의 만족을 얻는 것을 말한다.

2) 임의경매 : 등기부등본에 설정된 담보권(저당, 근저당, 전세권, 질권, 담보가등기)실행을 통해서 이루어지는 경매다.
임의경매는 별도의 확정 판결 없이 등기된 권리로 신청할 수 있다는 것이 강제경매와 다른 점이며 절차는 임의경매(담보권 실행 경매)나

> 강제경매나 똑같지만, 취하 절차는 강제경매가 훨씬 복잡하다.

부몽 : 안녕하세요. 지난번에 경매 건으로 문의드렸던 부몽입니다. 혹시 상가 주인분한테 연락이 따로 왔었는지요? 지난번 상가 주인분을 만나보니 경매 취하 건으로 계속 준비 중이신 것 같더라고요.

경매 신청자 : 안 그래도 연락을 계속 주고받고 있는 상황입니다. 아직 정해진 것은 없어서요.

이 내용 외에도 이런저런 대화를 나누다 보니, 취하가 되지 않을 수도 있겠다는 생각이 들었다. 취하되었으면 진작 취하되었을 텐데, 시기적으로도 며칠 남지 않았으니 일단 입찰기일을 기다렸다.

그렇게 낙찰받으면 이 물건을 어떻게 정리할지 고민하다 보니 기다린 날이 코앞에 다가왔다. 입찰 보증금 수표를 찾아놓고 입찰 가격을 고민해본다. 나름의 기준으로 산정한 금액, 실거래가 계속해서 떨어지고 있는 상황으로 1억 5,000만 원을 조금 넘기면 어떨까? 이런저런 고민이 깊어졌다.

※ 참고로 해당 주택은, 예전에 필자가 결혼 전 혼자 살았던 같은 아파트 단지, 같은 동, 같은 라인이었기 때문에 더욱 낙찰받고 싶었다. 기억은 잘 안 나지만, 엘리베이터에서 분명 소유자를 본 적이 있었을 것이다. 생각해보면 세상에 이런 인연도 있을 수 있겠구나 싶기도 했다.

이번 사건의 채권자는 나의 편이 아니다

혹시 몰라서 경매 신청자에게 다시 한 번 전화해보았다. 휴가를 내고 법원에 가야 하는데 가는 도중 취하를 확인한다면 번거로울 수 있으니 미리 연락해보는 습관이 들면 좋다(매각 기일 당일 오전에 취하되기도 한다).

부몽 : 안녕하세요. 지난번에 경매 건으로 문의드렸던 부몽입니다. 관리사무 소장님 자리에 안 계신가요?

관리소 직원 : 지금 자리를 비우셨어요. 언제 돌아오실지 모르겠네요.

왠지 불안한 기분이 든다. 보통 관리사무실의 경우 업무 중 멀리 이동을 하지 않는 경우가 대부분인데 마지막 협의를 위해 채무자를 만나러 간 듯한 기분이 든다.

부몽 : 소장님이 지금 경매 나와 있는 건으로 채무자분을 만나러 가신 건가요? 안 그래도 경매 취하 때문에 연락을 주고받으시더라고요.

관리소 직원 : 잘 모르겠습니다.

부몽 : 제 전화번호 남길 테니 소장님 돌아오시면 전화 한 번 부탁

드릴게요.

관리소 직원 : 네. 알겠습니다.

그리고 시간이 지나도 연락이 오지 않자 취하가 될 것 같다는 생각이 점점 더 크게 들었다. 그리고 몇 시간이 지나 한 번 더 통화해보았다.

지금도 관리소장은 부재중이었고, 이번에 전화를 받은 건 관리과장이라는 사람이었는데, 까칠하게 응대한다. 개인정보이기 때문에 대답해줄 의무는 하나도 없다는 내용이다. 그래도 내 의견을 계속 주장했다.

부몽 : 어떤 말씀이신지 충분히 이해합니다. 요즘 개인정보 보호법으로 신경이 쓰인다는 것은 알겠지만, 이 경매 사건은 국가 기관인 법원에서 전 국민이 볼 수 있도록 게시한 것이고, 그것을 보고 제가 연락을 드린 것입니다. 경매 신청자로서 어느 정도 사건과 관련된 내용을 전달해주실 의무도 있는 점도 고려해주셨으면 좋겠습니다. 제가 채무자의 신상 정보를 물어본 것도 아니고, 단순 취하 진행 상황에 대해서만 문의를 드리는 것이니 이 내용에 대해서만이라도 알고 있는 내용을 전달해주셨으면 좋겠습니다.

관리과장 : 자꾸 무리한 요구를 하고 있습니다. 우리는 일반 채권자가 아닙니다. 관리사무실과 상가 주인 간의 문제이기 때문에

앞으로 계속 봐야 하는 관계입니다. 아직 결정된 것은 없지만 웬만해서는 상가 주인의 편의를 볼 수밖에 없습니다. 제가 드릴 말씀은 거의 다 드린 것 같은데요?

말하기 곤란한 정보를 얻어내는 팁

개인정보 보호가 강화되면서 일반적인 내용은 전화 임장을 통해서 얻기가 쉽지 않다. 하지만 구체적인 대답을 듣지 않더라도 간접적으로 결과를 해석할 수 있는 경우가 있다.

- 우리도 다 확인하고 대출을 진행해줍니다. 대충 서류 확인을 해봤는데 보증금에 대한 부분은 걱정 안 하셔도 될 것 같습니다.
- 개인정보 보호 때문에 말할 수 없지만, 당신이 생각하고 있는 그런 일은 없어 보이네요.

이렇게 경매 사건의 이해관계자를 직접 찾아간다면 간접적인 대답을 얻을 수 있다. 사건(권리) 분석의 핵심은 불확실한 정보를 현장에서 간접적으로라도 찾아내는 것에 있다.

즉 취하를 진행하고 있다는 내용인데 아차 싶었다. 생각해보니 채무액도 크지 않은데, 상가 주인의 주택이 경매로 인해 매각이 진행된다면 관리사무실에서도 난감한 상황이 찾아올 수 있을 것 같다는 생각이 들었다.

그렇게 시간이 흘러 17시경 법원에 전화하니 결국 취하 신청서가 접수되었다고 한다. 한 달 동안 기다린 물건은 아쉬움과 경험이라는 향기만을 남기고 떠나게 되었다.

자동차 경매, 정말 일반인들도 쉽게 할 수 있을까?

투자를 계속해서 진행하면서 셀프 인테리어를 많이 하다 보니 불편한 점이 조금 있었다. 타고 다니는 차량이 크기가 작고 연식도 오래되다 보니 연비는 괜찮았지만, 활용도가 떨어지는 것이었다. 그렇게 차를 바꿔보기 위해 시작한 자동차 경매는 새싹반 수업을 들을 때 배웠던 지식을 기반으로 2019년 몇 차례 입찰을 진행했지만, 모두 패찰되는 슬픔을 맛보았다.

입찰 물건을 찾아서 삼만 리, 필자가 소유하기에는 과분한 물건을 찾게 되었다. 처음에는 대형 차량은 과소비의 기준이라고 판단했으나, 투자하면서 생각이 조금씩 달라졌고, 더 안전한 운전과 함께 생활 수준을 한 단계 업그레이드해보고 싶은 생각이 들었다.

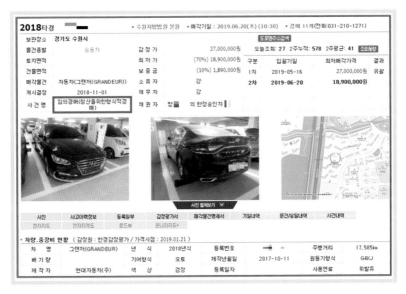

아파트 단지에서 보관 중인 그랜저 IG 차량을 입찰하기로 결심했다.

올해 입찰한 물건은 2018년식 K3/소나타에 이어서 이번에는 2018
년식 그랜저IG 프리미엄 모델이다. 입찰 물건들을 보면 알겠지만, 특
정 차종을 선호해 입찰하기보다는 실주행을 위해 연식, 디자인, 차량
상태 등으로 물건을 선택하게 되었다.

코몽이

코몽이는 2017년도 가을에 결혼한 필자의 아내다. 카페에서 사용하
는 닉네임이 '코몽이'이기 때문에 집에서도 이름을 부르지 않고 코몽
이라고 부른다. 책에서 계속 등장하니 잘 기억해두면 좋다.

코몽이에게 그랜저 입찰에 대한 의사를 물었더니 반대할 줄 알았으나 의외로 OK 사인이 넘어왔다. 허세용 차량으로 부정적인 인식을 말할 줄 알았는데, 그랜저라는 대중성과 안전성을 높이 평가한 것이다. 나중에 알고 봤더니 코몽이가 초등학생이었던 어린 시절, 그랜저에 대한 좋았던 추억이 있었고, 이 때문에 낙찰받았으면 하는 생각이 있었다고 한다.

자동차 경매·공매를 입찰하기 위한 사이트

구분	진행기관	사이트
대법원경매	법원	www.courtauction.go.kr
온비드	공공기관	www.onbid.co.kr
오토마트	사설업체	www.automart.co.kr

No	차량번호 추울 차 량 명 추울	진행기관 추울 보 관 소 추울	공고번호	대법연도추울 변속기 추울	예정가 추울 (공매시작가)	입찰신청 마감일시	매각발표일 (시간) 추울
1	XXX0232 (휘발유) 제네시스 DH 3.3 Pr	법인기관 오토마트 대전보관소	2019-519	2016 자동	21,000,000원	06/24 (12:00)	06/24 (14:00)
2	XXX1146 (휘발유) K3 1.6 4DR 디럭스	법인기관 오토마트 대전보관소	2019-520	2015 자동	7,900,000원	06/24 (12:00)	06/24 (14:00)
3	XXX1264 (경유) 레인지로버스포츠3.	채규어랜드로버코리아 재규어랜드로버보관소	2019-82	2018 자동	92,730,000원	06/24 (12:00)	06/24 (14:00)
4	XXX2744 (경유) G스타렉스 12인승	법인기관 오토마트 대전보관소	2019-540	2017 자동	16,000,000원	06/24 (12:00)	06/24 (14:00)
5	XXX2776 (경유) 코란도스포츠 4WD	법인기관 오토마트 대전보관소	2019-524	2017 자동	18,000,000원	06/24 (12:00)	06/24 (14:00)
6	XXX2864 (경유) LF쏘나타 1.7 STYLE	법인기관 오토마트 대전보관소	2019-531	2016 자동	11,900,000원	06/24 (12:00)	06/24 (14:00)

오토마트 사이트에서는 위와 같이 공매 물건들이 다량으로 올라온다.

이 사건은 일반적인 물건과 다르게 물건이 압류되어있는 곳이 일반 주차장이 아닌 아파트 단지 내 주차장에 위치하고 있다. 채권으로 압류해 진행되는 일반 경매와 다르게 부모님의 사망으로 인한 상속 청산을 위한 형식 경매이다 보니 차량을 현 소유자가 직접 보유를 원했던 것 같다.

일단 확인을 위해 법원에 다시 문의해보았다.

부몽 : 안녕하세요. 경매 사건번호 2018타경 XXXXX 차량을 좀 보고 싶어서 그런데 어떤 절차를 밟으면 되는 것일까요?

법원 경매계 : 아, 해당 사건은 현재 소유자가 차량을 보여주는 것을 원하지 않아 실 물건을 볼 수가 없습니다. 차량 키도 소유자가 보유하고 있고요.

법원의 이야기를 듣고 고민에 빠졌다. 퇴근하고 차량을 확인하러 찾아가면 1시간 정도 소요되는데 (차주가 차를 보여주지 않을 것이기에) 차량 내부도 확인하지 않고 입찰을 진행하기엔 조금 리스크가 있다는 생각이 들었다. 게다가 전 소유자의 사망으로 인한 재산 상속 건인데, 혹시라도 차량 안에서 문제가 발생했던 거라고 생각하니 차량 내부를 꼭 확인하고 싶다는 생각이 들었다.

입찰까지 남은 날짜는 약 3일, 그때 오산시 홈플러스에서 진행하기로 한 강의가 취소되었다고 연락이 왔다. 그래도 사람 일이란 모르는 일이기에 이때다 싶어 퇴근 후, 바로 임장을 떠났다. 아파트 단지 내 압류된 차량의 경우 일반 주차장과 다르게 관리인이 따로 없기 때문에 물건을 보기 위한 시간 제한(다른 차량은 대부분 관리인이 18시에 퇴근하다)이 없다는 점은 입찰 예정자에게 장점으로 다가왔다.

전반적으로 차량 관리 상태가 좋았으며 타이어도 사용감이 많지 않았디.

그렇게 찾아간 곳 주차가 잘 되어 있었다. 그런데 선팅(틴팅)을 어찌나 강하게 해놓았는지 창 너머로 차량 내부가 보이질 않았다. 일단 외부 상태는 특이사항 없었는데, 오일 누수가 없는지 하부를 살펴보았다.

트렁크 하부에 누수와 같은 흔적이 보였다.

엔진룸 하부 쪽은 특이사항이 없어 보였는데, 트렁크 하부에 뭔가 기름 자국이 보였다. 차를 잘 알지 못하다 보니 나중에 체크해보기로 하고 세대 내 초인종을 호출해보았다(나중에 자동차 정비업을 하는 더리치 회원 현준아빠님에게 문의했더니 엔진룸 쪽이 아닌, 트렁크 하부엔 오일류가 문제가 될 일은 없다고 답변을 받았다).

안된다고 포기할까?

임장을 할 때마다 느끼는 점은 현관문 초인종(벨) 누르는 것이 어렵다는 것이다. 그렇게 많은 집을 방문하고, 임장을 했지만, 이번에도 쉽지는 않았다. 심호흡을 하고 벨을 눌러 본다.

(띵동, 띵동, 띵동)

초인종을 여러 번 눌러도 반응이 없었다. 실제 소유자가 집에 있는지 없는지는 알 수는 없다. 마음 같아서는 누군가 공동 현관을 열어줄 때 집 앞까지 올라가서 두드려보고 싶었으나 그렇게까지는 하지 못했다. 일반적으로 인기 있는 차종, 주택의 경우 수많은 사람들이 임장을 다니기에 지금 정도(입찰기일이 얼마 남지 않은 시점) 되면 소유자는 스트레스로 문을 아예 안 열어줄 가능성이 크다. 반대로 소유자의 입장을 생각하면 충분히 이해되는 부분이다.

하지만 멀리까지 와서 그냥 돌아가기는 너무 아쉬우니 그렇게 밖에서 앉아 커피를 한 잔 마시면서 여유롭게 기다리고 있었다. 한 30분 정도를 기다렸을까?

세대 내에 거실 등이 켜진 것이 보였다. 일단 집에 누군가 들어온 것이고, (차를 보여줄지 안 보여줄지는 모르겠지만) 초인종을 들고도 안 열어준다면 소유자의 의사

위에서 두 번째. 거실 등이 켜진 것을 발견했다.

(차를 보여주지 않겠다는)는 파악할 수 있다.

그렇게 다시 한 번 용기를 내어 세대를 방문했고, 간절히 기다리고 있던 소유자의 목소리가 들렸다.

부몽 : 안녕하세요. 차량 좀 보고 싶어서 찾아왔습니다. 실례가 되는 것은 알고 있는데 혹시 잠시만 시간 내주실 수 있을까요? 빠르게 차량만 보고 바로 가도록 하겠습니다.

소유자 부인 : 지금은 아기랑 둘이 있어서 어려울 것 같습니다. 기존에 많은 분들이 찾아오셨는데, 다른 분들도 남편이 다 돌려보냈습니다.

부몽 : 갑작스럽게 찾아와서 죄송합니다. 법원에서 문의하니 차량을 보기 위해서는 이곳에 키를 보관하고 있다고 안내를 받았고, 멀리서 몇 시간을 운전해서 올라왔습니다. 정말 잠깐이면 되니 빠르게 보고 돌아가도록 하겠습니다.

그렇게 계속 거절을 당하면서도 집요하고 간절하게 계속 사정했다. 이렇게 돌아가기가 너무나 아쉬웠기 때문에 공손한 자세를 유지하면서 거듭 양해를 구했다. 간절하면 이뤄지는 것일까? 그렇게 대화를 더 나누니 조금 뒤에 준비해서 아이와 함께 지하 주차장으로 내려가겠다고 대답을 받게 되었다.

한 10분 정도 기다렸을까? 조조한 마음으로 소유자를 기다리고 있었는데 유모차에 아기를 태운 젊은 어머니가 지하 주차장으로 내려와 차량 문을 열어주었다. 선팅이 아주 강하게 되어 있어 밖에서 보이지 않던 실내는 차량 안에서도 잘 보이지 않았다.

자동차 경매 임장의 팁

1. 차량 부품이 연결된 볼트의 페인트가 벗겨진 차량은 해당 부위 사고 이력이 있을 가능성이 아주 높다.
2. 실리콘이 지저분하게 되어 있는 부위는 사고 이력이 있을 가능성이 아주 높다.

차량은 출고될 때 기계가 작업하기 때문에 사진과 같은 실리콘 작업 모양(울퉁불퉁)이 나올 수 없다. 해당 부분에 사고로 인한 수리 후 인위적으로 실리콘으로 마감을 한 것이다.

자동차 경매 임장의 준비물

1. 신분증
2. 장갑
3. 셀카봉
4. 배터리 점퍼

대부분 차량들이 오랫동안 방치되어 있기 때문에 배터리가 방전되어있을 가능성이 99%이다. 차량용 휴대용 배터리를 챙겨가지 않으면 시동을 걸어서 구체적으로 살펴보기가 어렵다. 필자가 소유하고 있는 배터리는 2016년도 더리치 카페 송년회에서 진행한 호가 경매

이벤트에서 낙찰받았다. 참고로 차량을 압류한 주차장에서 배터리를 사용하지 못하게 하는 곳도 있다.

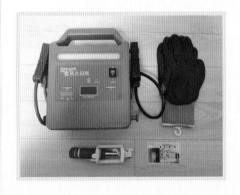

차량 경매 임장 준비물 4종 세트

일반적으로 압류된 차량을 임장할 때는 사고 차량을 확인하기 위해 필러, 휠하우스, 휀더, 볼트, 실리콘 등을 살펴보고 했을 텐데, 소유주가 잠깐 시간을 내어 보여주다 보니 눈치도 보이고 제약이 많이 생겼다.

사실 사고 이력이 없고 연식도 얼마 안 된 차량이다 보니 큰 문제는 없을 것 같아 세세한 부분까지는 살펴보지 않아도 될 것이라 생각했다. 그런데 트렁크를 어떻게 열 수 잇는지 몰라 그 안을 볼 수가 없엇다. 잘 모르는 차종이다 보니 차량 안에서 조작하는 방법을 몰랐다. 또한, 차량키를 소유자 아내분이 가지고 있었기에 용기를 내어서 트렁크 좀 열어달라고 이야기했다.

마음 같아서는 본넷(보닛)도 열어보고 싶었지만, 이것저것 뒤져보다가 트렁크까지만 체크했다.

스마트키는 보조키가 별도로 내장되어 있다.

셀프 인테리어를 떠날 때 필자의 준중형 차량은 너무 작아서 아쉬운 생각이 정말로 많았는데, 그랜저의 트렁크 공간은 아주 대궐이었다. 바닥을 열어서 스페어 타이어는 없는 것까지 확인하고 차량 내부를 살펴보니 차를 낙찰받고 싶다는 생각이 들었다. 지금 상황을 돌아보면 차량 내부를 본 사람은 나밖에 없었기에 입찰하는 사람들이 조금은 줄어들 것으로 생각이 되었다.

결국, 기존 입찰 가격에서 10만 원을 더 올리기로 마음먹고 그랜저를 운전하면서 코몽이를 내려주는 상상을 하기 시작했다.

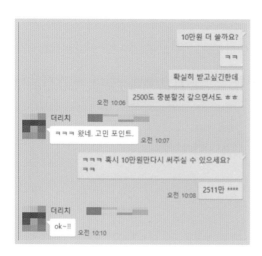

대리 입찰을 가기로 한 실전님에게 가격을 10만 원만 올려달라고 했다.

입찰 당일 회사에서 휴가를 쓰기가 어려워 더리치 카페의 실전님이 대리입찰을 가주기로 했다. 참고로 필자가 활동하고 있는 카페에선 회원들 간에 대리 입찰이 종종 이뤄지고 있다. 경매 입찰 법정의 경우, 평일에 이뤄지다 보니 아무래도 직장인의 경우 입찰이 쉽지 않기 때문에 서로 대리 입찰 품앗이를 하고 있다.

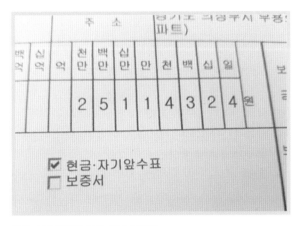

가격 수정 완료된 경매 기일 입찰표.

경매 입찰 가격의 팁

1. 입찰 가격은 1의 자리까지 신경을 써라. 1원 차이로도 당락이 달라지는 것이 경매다.

2. 8/9를 쓰기보다는 아예 자릿수를 넘겨라.
ex) 2,899만 원 → 2,912만 원

3. 인기 차종이나 연식이 얼마 안 된 차들은 중고차 수준에서 가격을 산정하자.

구분	입찰기일	최저매각가격	결과
1차	2018-11-13	244,000,000원	유찰
2차	2018-12-13	170,800,000원	
낙찰 : 213,999,999원 (87.7%)			
(입찰4명,낙찰:이■▋ / 차순위금액 211,190,000원)			
구분	입찰기일	최저매각가격	결과
1차	2018-11-28	190,000,000원	유찰
2차	2019-01-08	133,000,000원	
낙찰 : 160,000,000원 (84.21%)			
(입찰1명,낙찰:강▌▐)			

입찰 가격의 아주 안 좋은 예

9 여러 개는 절대 0 하나를 이길 수 없고 0 여러 개는 1 하나를 이길 수 없다

일반적으로 입찰가는 000,000으로 마감하거나 999,999로 마감을 하는 사람들이 많다. 즉, 999,999로 마감을 할 것이면 자릿수를 아예 넘기는 것이 좋고, 000,000으로 마감할 것이라면 조금이라도 더 써 보자. 생각보다 조금 차이로 당락이 갈리는 것이 경매의 결과다.

입찰 가격은 고민하다가 2,500만 원을 넘기기로 했다. 그런데, 나와 같은 사람이 한 명이라도 더 있다면? 이 정도 입찰 가격을 쓰는 경우는 어느 정도 경매에 입찰 경험이 있거나, 컨설팅을 받아 입찰했다고 볼 수 있다.

이 상황에서도 대부분 2,500만 원만 살짝 넘긴다. 여기서 확실히 받으려면 10만 원 정도 더 높이는 것이 좋다고 판단했다.

만약 누가 2,500만 원을 살짝 넘겨서 쓴다면 2,501만 원 vs 2,511만 원의 짜릿한 낙찰을 꿈꾸면서 말이다.

입찰 가격은 차량의 상태와 옵션으로 승부하라!

참고로 입찰하려는 차량의 중고차 시세는 비슷한 연식으로는 2,300~2,900만 원 선. 사고 유무나 관리 상태에 따라 가격이 많이 왔다 갔다 한다.

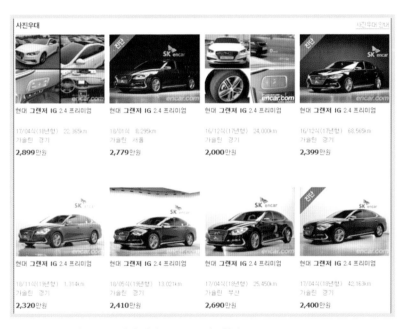

대부분 중고차 시세는 SK 엔카 사이트를 보고 비교한다.

이와 같은 상황에서 대부분 사람들은 2,500만 원을 넘기질 못 한다. 최저 입찰 가격을 보고 중고차 가격을 보고 접근하기 때문에 2,200~2,300만 원 선에서 대부분 포진되어 있을 것이고, 2,400만 원대 에서 낙찰되리라 생각이 들었다.

참고로 중고차 가격이 낮은 애들은 다 이유가 있다. 중고차 최저 가격을 보고 접근하기보다는 차량 상태와 옵션을 보고 가격에 접근하는 것이 좋다.

차량의 옵션 확인

차량의 고유 번호인 차대번호라는 것이 있다. 이 번호를 제조사 홈페이지에서 조회를 하면 상세 모델명과 출고 당시 선택한 옵션을 볼 수 있다. 단, 르노삼성 차량의 경우 홈페이지에서 차대번호 조회가 되지 않기 때문에 고객센터에 전화해서 상담사에게 정보를 받을 수 있다.

조회결과		
차종명	G80 자가용 가솔린 3.3 Premium Luxury 오토 런칭(.) 61,300,000	
차량 가격(기본+옵션)	**기본 가격**	**옵션/가격**
	55,100,000	제네시스 스마트센스 2,500,000 HTRAC 2,500,000 파노라마선루프 1,200,000

고가의 차량의 경우 옵션에 따라 가격이 더욱 크게 차이가 난다. 위와 같이 차종별 차대 번호를 조회하면 차종과 (신차 출고 시)선택한 옵션을 볼 수 있다.

그리고 두근두근한 입찰 당일.

실전님이 법원의 현장을 전달해주었는데, 맙소사 28명이나 입찰했다. 자동차 경매의 경우 28명은 정말로 많이 입찰한 것인데, 그 현장 속에서 가격을 하나둘 다 불러주는 와중에 대리 입찰을 갔던 실전님은 낙찰의 가능성을 본 것이다.

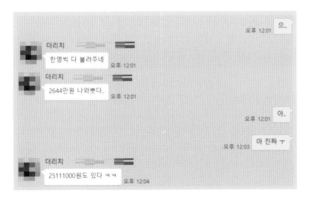

그렇게 결과는 28명 중 2위. 개찰하는 마지막에 정말 높은 가격이 나와서 차순위가 되었다. 참고로 필자 다음에는 2,511만 1,000원. 만약

낙찰자인 2,644만 원이 없었다면 3,000원 차이로 낙찰되는 기가 막힌 상황을 만들 수 있었는데, 경매란 언제나 변수가 있다.

아쉬움을 뒤로 안고 보증금을 찾지 말고 차순위 신고를 해달라고 했다. 일반적으로 자동차 경매는 잔금 미납의 경우는 거의 없지만, 수원지방법원의 경우는 자주 방문하는 법원이라 나중에 입찰 일정에 맞춰 법원에 들른 후, 보증금을 찾아가면 된다는 생각을 했다.

차순위 신고란?

최고가 입찰자에 국한된 사유로 그에 대한 낙찰이 불허되거나 낙찰이 허가되더라도 그가 낙찰대금을 납부하지 않을 경우 다시 입찰을 실시하지 않고 바로 차순위 입찰 신고인에게 낙찰을 허가한다.

여기서 차순위 신고라도 꼭 2등 입찰 가격을 낸 사람만 가능한 것은 아니고 입찰자 중 최고가 입찰액에서 보증금을 공제한 액수보다 높은 가격으로 응찰한 사람은 차순위 입찰 신고를 할 수 있다. 그러나 차순위 입찰신고를 하게 되면 낙찰자가 낙찰대금을 납부하기 전까지는 보증금을 반환받지 못하기 때문에 대부분 차순위 신고를 하지 않는다.

잔금 마지노선까지는 약 두 달. 기적을 기다리며 혹시나 하는 마음에 가슴 졸여 기다렸지만, 법원에서 찾아온 전화는 최고가 매수 신고인이 잔금을 치렀으니 입찰 보증금을 찾아가라는 내용이었다.

자동차 경매로 쏠쏠한 용돈 벌이를 꿈꾸자

많은 사람들은 자동차 경매의 경우 대중화되어 있기 때문에 수익을 얻기 어렵다고 이야기한다. 필자는 그 이야기에 어느 정도 공감도 하지만, 반론의 이야기를 하고 싶다.

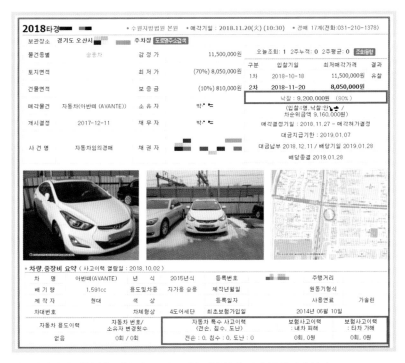

일반적인 차량 낙찰가율. 차종과 km 수, 보험 이력 등에 따라 큰 차이가 난다.

필자의 경험으로 사례를 들었던 연식이 얼마 되지 않은 차량들과 인기 있는 차종들은 대부분 중고차 가격에서 살짝 낮은 가격으로 낙찰되는 것은 사실이다. 다시 말하면 실 소유자들이 체감하는 낙찰가율은 높다고 할 수 있다. 하지만 연식이 오래되고 상태가 좋지 않은 차량들이나 인기가 다소 떨어지는 차량들은 중고차 가격보다 훨씬 낮은 가격으로 낙찰된다. 자동차를 보는 안목이 높아지고 차량을 잘 손보는 사람들의 경우 어중간한 물건들을 낙찰받아 더 높은 가격으로 매도해 수익을 낸다. 즉 중고 시장의 틈새 시장을 공략하는 것이다.

자동차 경매는 부동산 경매와 다른 몇 가지 장점이 있다. 양도소득세가 없기 때문에 시세 차익만큼 소득으로 반영할 수 있다. 1,000만 원에 낙찰받아 1,300만 원에 차량 매각을 할 수 있다면 300만 원이라는 시세 차익을 그대로 얻을 수 있다. 부동산 경매의 경우 1년 내 단기 매도를 할 경우 양도소득세가 40%이며(조정 지역 안에 있는 다주택자의 경우 10~20%가 초과) 명도의 어려움이 기다리고 있지만, 자동차의 경우에는 명도가 필요 없다.

필자가 활동하고 있는 카페에 데이빗님과 낙찰자님이라는 30대 초반의 젊은 회원들이 있다. 올해 여러 개 차량을 낙찰받고 그중 일부를 매각해 쏠쏠한 용돈 벌이를 하고 있다. 타깃은 언제나 신차가 아닌, 연식이 오래되고 km가 어느 정도 되는 차량이다.

물론 차량 경매를 통해 큰돈을 벌고 단숨에 부를 얻기는 어렵겠지만, 회사에서 몇백만 원을 벌기 위해 내가 소요하는 노력을 시간으로 한번 환산해보자. 자동차 경매에서 사용하는 시간 대비 수익과는 비교할 수 없다.

데이빗님이 자동차 경매 단타를 통한 수익을 얻는 방법을 필자가 방송하는 팟캐스트 방송에서 가이드를 한 것이 있으니 시간 될 때 30분만 가볍게 들어보도록 하자.
URL : http://www.podbbang.com/ch/1770451?e=23088550
(팟빵 앱에서 '또순'을 검색하면 검색이 된다)

신용이 좋지 않은 자에겐
좋은 대출이란 없다

부동산 투자를 시작하고 얼마 되지 않아 주변에서 마이너스 통장을 개설하라는 이야기를 들었다. 살면서 마이너스 통장, 일명 '마통'이라는 개념을 생각해본 적이 없었는데, 단기 자금 활용에 유리한 마이너스 통장을 꼭 만들어야겠다는 생각이 든 것이다.

그렇게 주변의 조언을 듣고 은행에 마이너스 통장을 만들러 갔는데 작은 고민에 빠지게 되었다. 마이너스 한도에 따라 내야 하는 수수료(인지대)가 달라지는데, 추가 인지대 몇만 원이 아까워서 3,000만 원의 한도로 먼저 개설하게 되었다.

사실 이때는 마이너스 통장이 신용 대출이라는 생각도 하지 못했고, 통장이라는 이름이 붙어 있었기 때문에 하나의 금융 상품처럼 생각했었다. 알고 봤더니 마이너스 통장은 하나의 신용 대출이었고, 한도만큼 신용 대출을 차지하고 있던 것이었다. 이처럼 기본적인 금융 상식이 너무 없었던 것인데 아마 이 책을 읽고 있는(대출 실행을 해본 적 없는) 30대 초반의 독자 여러분들도 비슷할 것으로 예상한다.

그 뒤로 투자를 본격적으로 시작하면서 여러 개의 주택을 단기간 내 매수했다. 레버리지를 활용하는 것이 생각보다 매력적이라는 것을 알게 되었고 그렇게 무리한 투자가 아니라는 것을 알았기 때문에 활발하게 움직이게 된 것이었다. 그러다 보니 그사이에 분양권을 하나 취득했고, 주택이 추가로 세 개가 생기게 되었다. 이때까지는 사실 문제가 되지 않았는데, 문제는 그다음 대출을 받을 때 발생하기 시작했다. 최초 투자를 시작하면서 확인했던 1등급이라는 신용등급이 6등급으로 급락해버렸다. 나중에 알고 봤더니 단기간 내 너무 많은 대출이 생긴 것이 큰 큰 문제였다. 대출의 절대적인 금액보다 특정 기간과 건수가 신용에 더 악영향을 미치기 때문에 당시 필자의 투자는 정말로 무모했다.

생각해보면 당연하다. 내가 생각할 때는 부동산 투자이고, 월세를 받기 위한 목적이었기 때문에 대출 이자가 부담되지 않았지만, 신용평가 기관에서는 재무 상태가 아주 안 좋은 것으로 판단한 것이다. 필자가 실행했던 대출이 어떤 목적이고 어떤 내용인지는 중요하지 않았고 대출의 개수와 실행 시기로 신용 점수를 부과하기 때문이었다.

필자가 투자 3개월 동안 진행한 대출과 금액

대출 구분	금액
마이너스통장	3,000만 원
마이너스통장(증액)	2,000만 원
담보대출 (월세)	8,400만 원
담보대출 (경매)	8,540만 원
담보대출 (실거주)	10,850만 원
신용대출	1,100만 원
신용대출	1,500만 원
중도금 (분양권)	3,286만 원
합계	38,676만 원

　결국, 급락한 신용 등급은 그 이후 좋은 조건의 대출을 받기 어렵게 만들었다. 결국, 신용은 하나의 돈이며 투자자가 대적으로 관리를 잘 해야 하는 요소 중 하나인데 그걸 간과하고 있었다.

신용 점수에 영향을 미치는 요소

1) 대출 건수
대출의 절대적인 금액도 중요하지만, 대출이 여러 개가 있으면 신용에 안 좋은 영향을 미친다. 가능하다면 여러 가지의 대출을 하나로 통합해 관리하는 것이 좋다. 즉, 1억 원짜리 대출 열 개를 보유하고 있는 것과 10억 원짜리 대출을 하나 보유하고 있는 것은 절대 금액은 10억 원으로 동일하지만, 신용에서는 아주 큰 차이가 있다.

2) 신용 카드, 공과금 연체
결제 만기를 정해놓고 사용하는 신용 카드의 경우, 가끔 결제일에 (통장에) 현금이 부족해서 결제되지 않는 경우가 있다. 이 경우 카드

사에서 별도로 연락을 받기 때문에 바로 결제 통장에 입금하면 큰 문제가 되지 않지만, 대수롭지 않게 넘겼다가는 큰코다칠 수 있다. 특정 시간이 지나면 카드 연체 이력이 신용정보사로 넘어가게 된다. 카드뿐 아니라 일반 공과금(핸드폰 요금, 관리비, 전기세, 수도세 등)도 마찬가지이며 나중에 결제한다고 해도 떨어진 신용은 돌아오기까지 상당한 시간이 걸린다.

3) 신용 카드 한도 대비 사용 비율

신용 카드의 경우 한도보다 절반 이하로 사용할 것을 권장한다고 한다. 즉, 400만 원 한도의 신용 카드인 경우 월 200만 원 이하로 사용하는 것이 신용에 더 유리할 수 있다.

이 외에 신용 점수를 높이기 위해서는 현금이나 체크 카드보다 신용 카드를 쓰는 것이 유리하다. 또한, 신용 점수에 영향을 미치는 항목들은 상당히 많이 있으니 신용 점수 하락 요소를 찾아보고 신경을 써서 관리가 필요하다.

소액 갭 투자와
잔금 미납의 위기

소액 월세의 물건 위주로 부동산 투자를 하다 보니 아쉬움이 생기기 시작했다. 월세를 통해 월 100만 원을 만드는 것이 목표였지만, 시세 차익에도 조금씩 관심이 가게 되었다. 필자가 투자를 시작했던 2015년 수도권 지역의 부동산 가격이 상승하는 상황이었기에 주변에 있었던 투자자들이 시세 차익을 내는 것을 보면서 자극이 되었다.

일명 갭 투자

돈이 어느 정도는 들어가야 수익이 될 수 있다는 이야기를 하며 월세 백날 받는 것보다 시세 차익 한 번 크게 나는 것이 중요하다는 사람들의 성공담에 계속 마음이 가게 되었다. 생각해보면 틀린 말은 아니었다. 월세 물건이 공실이 될 수도 있고, 임차인이 퇴거 후 다시 수리가 필요할 때도 있기 때문에 지출하는 비용도 만만치 않다. 그런데 월세 아파트의 시세까지 떨어지게 되면 아무것도 남는 것이 없는 투자가 되기 때문이었다.

그렇게 투자금이 얼마 들어가지 않을 수 있는 투자처를 알아보고 있던 도중, 2,000만 원의 투자금으로 경기도 아파트에 투자할 수 있는 기회가 생겼다. 내부 인테리어도 아주 잘되어 있는 올수리 아파트였기 때문에 임대를 놓는 데 전혀 문제가 없어 보였다. 부동산에서도 강한 자신감을 보이며 잔금 기한 내에 임대를 꼭 맞춰주겠다고 했다.

결국, 처음으로 갭 투자라는 것을 해보기 위해 계약금을 넣고 임대가 나가길 기다리고 있었다. 잔금까지는 2개월 2주, 조금 더 잔금 날짜를 늦추고 싶었지만 더 이상은 기간 협의가 되지 않았기 때문에 부동산의 역량을 믿고 기다릴 수밖에 없었다.

그런데 전세가 나가기는커녕 다른 물건들이 전세로 하나둘 쏟아지기 시작했다. 단기간 내 투자자들이 몰려들다 보니 전세 물건이 함께 많아지게 되었고 전세를 놓기가 어려워진 것이었다.

더 이상 부동산 중개업소만 믿고 기다릴 수 없었다. 자칫 잔금을 치르지 못하게 되면 계약이 파기되고 계약금 손실을 볼 수 있었기 때문이다.

보증금을 살짝 낮추고, 주변 부동산 중개업소에 물건을 싹 돌렸다. 이쯤 되면 매매 계약할 때 자신감 넘치던 부동산 중개업소의 모습은 사라지고 잔금을 치르기 위한 대출을 알아봐주겠다고 한다. 화가 났지만, 책임은 투자자의 몫이다 보니 따로 이야기할 수는 없었고 임대 맞추는 데 더 신경을 써야 했다. 하지만 시간은 속절없이 흘렀고 결국 대출을 알아볼 수밖에 없었다.

집 상태가 아주 좋은 주택을 매수했지만, 전세 물량이 많아지는 시점이라 임대를 놓기가 몹시 어려웠다.

중도 상환 수수료율이 낮은 조건의 대출을 이곳저곳 알아봤지만, 신용 등급이 좋지 않았기 때문에 계속해서 대출을 거절당했다. 물론 2금융권에서 대출을 실행하면 대출이 나오긴 했었는데, 이 경우 1금융권 대출 이자보다 중도 상환 수수료가 훨씬 크기 때문에 대출을 진행하는 데 큰 고민이 되었다.

대출의 좋은 조건과 중도상환 수수료

좋은 대출이란 투자 목적에 따라 달라지는데, 일반적으로 아래의 항목을 가지고 좋은 조건으로 판단한다.

1) 집값 대비 대출 비율

2) 금리

3) 거치 기간

하지만 단기로 자금이 필요한 대출의 경우는 세입자가 구해지면 바로 대출을 상환해야 하기 때문에 조기상환에 따른 수수료가 발생(중도상환 수수료)한다. 이 때문에 중도상환 수수료율이 낮은 상품을 찾고 있었다.

어머니의 가슴에 걱정이라는 대못을 박다

여기저기 정보를 찾다 보니 차명(借名) 대출이라는 것을 알게 되었다. 즉, 내 소유의 주택을 다른 사람의 이름으로 대출을 받는 것인데 일반적인 경우는 진행이 되지는 않지만, 소유자와 가족관계가 있는 사람들에 한해 대출이 가능하다는 것이었다.

잠시 돈만 빌렸다가 임대가 나가면 바로 상환할 것이기 때문에 큰 문제가 있지는 않다고 생각했다. 그래서 가장 먼저 떠오르는 것이 어머니였다. 그래도 가장 편하게 이야기를 할 수 있고 부탁했을 때 들어줄 사람은 어머니 말고는 없을 것 같았다.

그런데 이 이야기를 어머니한테 하면 몹시 걱정할 것이 확실하기 때문에 망설여지고, 또 망설여졌다. 하지만, 잔금을 치르지 못하면 보증금이 날아가기 때문에 조심스럽게 이야기를 꺼냈다. "어머니 잠깐 할 얘기가 있어요…."

잘 설명해드렸다 생각했는데 나만의 착각이었다. 어머니는 그 얘기를 듣고 한숨부터 쉬기 시작했다. 다른 것보다도 자기는 직장도 없고 별다른 소득도 없는데 어떻게 대출이 실행되냐는 것이었다. 물론 그 부분은 어머니가 소득이 없다고 하더라도 월간 카드 사용 금액을 기준으로 소득을 환산할 수 있어 대출이 가능한 것을 미리 알아봤었다. 걱정하지 않아도 된다고 거듭 설명해드렸지만, 어머니의 마음속에 자리 잡은 불안감은 더욱 커져만 갔을 것이다.

그러다 결국 어머니가 누나들한테 대출 이야기를 해버리게 되었다. 나(어머니)는 대출이 나오지 않을 것 같으니, 너희가 막냇동생 대출을 대신해줄 수 있냐는 것이었다. 어떤 답변이 나왔을까?

"부동산 투자 시작한다고 했을 때부터 알아봤다."

"결국 이렇게 됐네."

그 내용부터 시작해서 잔소리가 쏟아졌다. 어차피 각자 가정이 있는 누나들은 못 해줄 것을 알았기 때문에 말도 꺼내지 않았던 것인데, 결국은 누나들까지 개입하게 되어 집안 문제로까지 커지게 되었다.

중도상환 수수료를 아껴보기 위해 이야기를 했던 것인데 아주 큰 후회가 됐다. 그냥 수수료 100만 원 정도 더 내더라도 내 이름으로 대출을 받았어야 했다는 생각이 들었다. 그렇게 시간이 조금 더 지나 어머니와 대출 기관에서 대화를 잘 나누었고 문제 없다는 답변을 받아 대출을 실행하여 잔금을 잘 치를 수 있었다.

다행히 얼마 지나지 않아 전세를 맞추게 되었지만, 전세 세입자와 잔금 지급 일자가 맞아떨어지지 않아 일단 대출을 실행했다. 소유권 이전 등기 당시 등기부등본 근저당의 채무자 이름에 어머니 이름이 올라가게 되었고, 이것을 본 순간 내가 이렇게까지 투자를 해야 할까 하는 두려운 마음은 지금도 잊을 수가 없다.

갭 투자라고 하는 것이 소액으로 투자해서 시세 차익이 많이 난다면 수익률 측면에서는 아주 좋을 수 있다. 하지만 그에 대한 리스크 또한 상당하다는 것을 알고 초기 설정한 목적에 맞는 투자를 해야 할 것이다.

생애 첫 청약과
장밋빛 미래를 꿈꾸다

　부동산 공부를 막 시작하고 얼마 되지 않아 임장의 경험을 조금씩 쌓게 되었다. 아무것도 모르는 상태에서 부동산 공부는 나에게 큰 충격으로 다가왔고, 투자금은 얼마 없지만, 하나둘 알아가는 것만으로도 큰 즐거움이 되었다.

　그렇게 지방 월세 아파트를 찾아 임장 여행을 다녔고 주변의 이야기도 귀를 잘 기울이고 있었다. 그때 경매 새싹반 동기 한 명이, 살고 있는 집 근처에 모델하우스가 오픈하니 한 번 가보라고 이야기해주었는데, 최근 분양시장이 아주 좋다는 것이었다.

　그 말을 듣고 시간을 내어 당시 여자친구 코몽이와 함께 모델하우스 구경 데이트를 하게 되었다. 그렇게 모델하우스 내부를 돌아보았는데, 이보다 더 예쁜 집이 있을까 싶었다. 첫 모델하우스 탐방 소감은 감탄의 연속이었다. 반짝거리는 조명과 인테리어 가득한 내부 디자인은 나와 코몽이의 마음을 사로잡기 충분했다. 모델하우스에는 인산인해라는 말처럼 사람들이 너무 많았고 부동산, 떴다방(이동식 부동산 중개업소), 모델하우스 상담사 등 모두가 분양 단지의 장밋빛 미래를 예상하고 있었다.

당시 내가 알지 못했던 세계를 맛보며 많은 생각이 들었다. '이제 부동산 투자를 시작하면 무주택자에서 벗어나게 될 텐데 연말정산에 도움이 안 되는 청약통장은 크게 의미가 없을 것'이라는, 지금 생각하면 바보 같은 생각이었다.

그렇게 고민하고 있던 도중, 누군가가 나에게 어떤 아파트이든지 입주할 때쯤 되니깐 P(프리미엄)가 붙는다고 했다. 잘 안 오르는 주택도 입주할 때쯤 되면 수요가 생기니깐 한번 청약을 해보는 것도 나쁘지 않다는 것이다. 그리고 초등학교까지 가까우면 금상첨화라는 이야기를 하면서, 이때 초품아(초등학교를 품고 있는 아파트)라는 단어를 처음 듣게 되었다.

지도를 살펴보니 정말 초등학교도 바로 앞에 있었고, 큰 수변 공원도 끼고 있어서 충분히 가치 있는 입지라 생각하고 일단 청약을 하기로 결정했다. 당시 PC 반입이 불가한 회사 교육 중이었기에 직접 청약할 수 없었기에 친누나에게 부탁해 청약을 진행했다. 첫 온라인 청약 결과는 어땠을까? 당첨 확률을 높이고자 가장 인기 있는 타입에 청약

을 하지 않고 상대적으로 가능성이 높아 보이는 타입의 물건으로 청약을 했었는데,

'274세대 공급 중 1순위 40명 청약'

처참하게도 내가 청약한 타입의 경쟁률은 0.15:1이라는 우울한 결과를 낳았다. 당시엔 개념이 없어서 몰랐는데 이렇게 경쟁률이 낮았었는지도 글을 쓰면서 알았다. 1순위 미달이라는 얘기는 즉, 청약에 당첨이 되었다는 것이었는데 기분이 좋다기보다는 머리가 복잡해졌다. 3일 동안 몇만 명이 다녀갔다고 뉴스가 날 정도였는데 어떻게 이런 결과가 나올 수 있는 건지 내가 뭔가 크게 착각하고 있는 건 아닌가 싶었다. 청약을 진행해준 친누나 역시 결과를 보고 계약하지 않았으면 하는 뉘앙스를 풍겼지만, 그래도 일단 2순위 결과를 보고 계약 진행 여부를 판단해보기로 했다. 계약하고 싶은 마음에 듣고 싶은 대로 해석한 것이다.

혹시나 하는 마음에 2순위를 기다렸고 내 바람이 이뤄졌는지 내가 청약한 타입 또한 2순위 3.39:1로 최종 청약이 마감되었다.

그렇게 모델하우스에서 생애 첫 계약을 하게 되었고 선물로 프라이팬 한 세트를 들고 나왔다. 첫 계약의 상징이 담긴 프라이팬이라 그런지 별것 아니었지만 스스로 자부심도 느끼게 되었고, 자꾸 연락처를 물어보는 떴다방 업자들과 이야기를 하면서 집에 돌아왔다.

거실에 누워서 천장을 쳐다보았다. 사회 초년생 곰팡이 가득한 원룸의 임대차 계약 기간이 끝났음에도 보증금을 돌려받지 못해 임대인과 다툼이 있었던 기억이 떠올랐다.

초품아인데 초등학교가 생기지 않는다고요?

그 뒤로 부동산 투자도 하고 주택을 매수해서 실거주도 옮기게 되었다. 부동산 공부를 하고 투자를 할수록 내가 받았던 분양권의 결점이 하나둘 보이기 시작했다. 이 때문인지 시중에 나와 있는 분양권들은 거래 문의조차 없는 분위기였고, 동네에서 그냥 분양받은 사람들이 많았기 때문에 입주 예정자 카페는 가동될 기미도 보이지 않았다.

그러다가 인터넷 카페를 서핑하면서 분양 아파트 바로 앞에 개교하기로 예정되어 있던 초등학교가 언제 개교될지 모른다는 것이었다. 사실 여부를 확인해보기 위해 경기도 교육청에 전화를 걸어 문의했더니 지역 심사조차 나지 않은 상태라는 것을 알게 되었다. 결국 모델하우스에서 큰 장점이라고 설명했던 '초품아'는 기약이 없이 공터로만 남아 있을 수밖에 없었다. 물론 시간이 지나면 언젠가 개교가 확정될 수 있겠지만, 실거주보다는 단기간 내 메도 목적으로 계약을 했던 것이기에 자칫 목적과 다른 방향으로 흘러갈 것이라는 생각을 하게 됐다.

초등학교 부지가 바로 앞에 있는데 초등학교 개교 확정이 되지 않았다는 얘기는 돌려서 말하면, 다른 초등학교 부지까지 거리가 꽤 될 수밖에 없다는 것이다. 가까운 거리에 초등학교 부지를 여러 개를 둘 필요가 없기 때문이다.

어린 자녀의 안전에 대해서 정말 중요하게 생각하고 있는 지금 시점에 도로가 안전하게 닦여 있지 않은 곳을 멀리까지 도보 통학시키고 싶은 부모는 거의 없을 것이다(이제 막 도시 개발이 이뤄지고 있어서 주변이 모두 공사 현장이었다).

즉, 초등학교 자녀를 둔 부모는 해당 주택을 선택하지 않을 가능성이 커지는 것이고 개교 확정이 되기 전까지 큰 결함이 있는 주택이 되어버린 것이다.

호재의 단계와 대략적인 정보를 확인하는 방법

부동산 가격에 영향을 줄 수 있는 호재에도 급수가 나뉜다.

1) 근거 없는 소문

2) 계획의 발표

3) 계획의 확정

4) 착공

5) 준공

떴다방 및 모델하우스에서는 위의 호재 모두를 바로 진행될 것으로 포장해 설명한다. 하지만 한 단계씩 올라가기도 몹시 힘들 뿐만 아니라 대부분 상당한 시간이 걸리기 때문에 착공(공사의 시작) 시점을 진정한 호재로 바라보는 사람들도 많다.

일반인들이 가장 손쉽게 호재의 단계를 확인하는 방법은 시청 공무원에게 문의하는 것이 가장 빠르고 정확하다. 대부분 미래도시국(도로 교통과, 건축과 등)과 같은 이름을 가지고 있는 시, 군, 구청의 담당 부서와 소통할 일이 많으며 필자의 사례는 교육청으로 문의해 '초등학교 개교 여부'에 대한 답변을 받을 수 있었던 것이었다.

이대로는 분양권을 단기간 내 매도할 수가 없을 것 같다는 불안감이 들기 시작했다. 분위기를 반전시키고자 입주 예정자 협의회까지 가입해 열심히 활동했지만, 이 상태에서 부동산을 매도한다는 것은 '변절자'의 낙인이 찍히기 때문에 매도의 의사 표현이 더욱더 쉽지 않았다.

결혼식 전날, 피 같은 돈 2,000만 원이 공중에서 산화하다

결국, 분양권은 매도가 될 기미가 보이지 않았고 시간이 흘러 결혼식 일주일 전 큰 손실을 결심하게 되었다. 입주 날짜가 얼마 남지 않았기 때문에 투자자가 아니라면 어떻게 해서든 시간을 투자해 입주했겠지만, 장기간 돈이 묶일 것 같은 주택에 잔금을 치른다는 것은 투자 진행의 '종료'를 선언하는 것과도 같았다.

공부가 부족한 상태에서 나의 상황과는 적합하지 않은 분양권을 선택했던 결과, '자산 손실'이라는 벌을 제대로 받게 되었다.

주변 부동산에 물건을 다 돌린 후, 퇴근해서 부동산 이곳저곳을 직접 돌았다. 전화로만 물건을 내놓는 것은 효과가 크지 않을 수 있기 때문에 직접 부동산을 모두 찾아가서 상황을 잘 설명하고 나에 대한 인상이 남도록 상담을 받고 대화를 나누었다.

> *부몽 : 사장님, 저 다음 주에 결혼식인데 분양권 때문에 아무것도
> 못 하고 죽겠습니다. 제발 좀 잘 팔릴 수 있도록 도와주세요.*

연세가 있는 중개사의 경우, 아들과도 같은 청년이 직접 와서 사정하니 마음이 딱했나 보다. 내 간절한 마음이 전달된 것인지 며칠이 되지 않아 물건을 매도할 수 있게 되었다.

분양권을 매수한 사람과 대화를 나눠보니 일반인이 아닌 전문적인 투자자였다. 마이너스 프리미엄 금액이 큰 분양권만을 보고 사들이는 사람 같았다. 연세도 지긋하시고, 공인중개사 사장님을 대하는 태도를 보니 산전수전 다 겪은 사람일 것이다. 계약금 100만 원에 계약서도 쓰지 말자고 하던 것을 간신히 어르고 달래 300만 원의 계약금을 받고 계약서를 작성했다.

결국, 2년 2개월이라는 시간을 투자해 얻게 된 것은 2,000만 원이라는 손실뿐이었다. 부동산 투자를 하면 큰돈을 벌 수 있다는 환상에 사로잡혀 주변 사람들의 이야기 속에서 내가 듣고 싶은 것만 듣고, 그 정보를 내가 임의로 해석하고 종합해버린 결과가 이런 손해를 보게 된 것이었다. 이때 얻은 교훈은 필자의 투자 인생에서 오랜 기간 타산지석으로 남게 되었다. 무엇보다도 결혼식장에서 함께 식을 올리는 신부 코몽이한테 너무나 미안한 감정이 들었다. 부동산 투자를 하며 함께

고생했는데 투자를 통해 그렇다 할 만한 열매를 맺어준 적이 없음에도 부족한 나만을 믿고 결혼하다니 스스로에 대한 반성을 했다.

결혼식장 사진 속에 나와 주변의 사람들은 모두 즐거운 표정으로

코몽이와 결혼식장에서 – 스몰웨딩으로 소소하게 결혼식을 치렀다.

결혼식을 축하해주었지만, 내 마음속 한편엔 무거운 짐이 내려앉아 있었다. 앞으로 부동산 투자를 계속해야 하는 것일까? 그래도 분양권도 매도했고 좋은 날이니 오늘만큼은 최고로 행복한 시간을 갖도록 하면서 신혼여행을 다녀오게 되었다.

많은 사람의 축복 속에 결혼식을 마치고 떠난 신혼 여행길에 혼자 다짐해보았다. 오늘 이 감정을 절대로 잊지 말자. 이렇게 큰돈을 날려 버린 나를 원망 한마디 하지 않고 믿어주고, 더 잘할 수 있다고 격려해준 이 사람에게 행복을 선물해주겠다고 다짐했다.

계약을 파기하려는 자와 계약을 포기할 수 없는 자

손해는 봤지만 (마음의) 짐 덩어리를 정리했다는 사실에, 그래도 기분 좋게 신혼여행을 다녀온 후 잔금 지급 날짜가 잡히길 계속 기다렸다. 실거주 매수자가 아니다 보니 임차인을 구하면 그 날짜에 맞추어 잔금을 하려고 했던 것인데 시중에 월세 물건도 많고 대출도 많이 받으려 했기에 임대차계약이 쉽지 않은 상황이었다.

매도했다는 속 시원함도 잠시, 상황이 안 좋게 흘러가기 시작했다. 필자가 분양권을 매도하려고 할 때만 해도 매도한 금액이 시중에 나온 물건 중 최저가였는데 입주가 다가오자 (필자가 매도한) -2,000만 원이 평균 시세가 되어버렸다. 계속해서 분양권이 거래되지 않은 상황이었다. 불안감을 느낀 소유자들이 물건을 하나둘 던지기 시작했고 시중엔 분양권 물량이 계속 쌓여갔다. 설상가상으로 -3,000만 원짜리 매물이 등장하기 시작했다.

분양권을 매도했다 생각했지만, 잔금을 받은 것이 아니기 때문에 사실 정확히는 매도를 한 것이 아니었다. -3,000만 원 물건이 등장하면서 필자의 경우는 2년 만에 2,000만 원을 손실을 본 것이지만, 필자의 물건을 매수한 자의 경우는 한 달이 되지 않아 1,000만 원을 손해 보게 되었다. 분양권 매도 계약금도 300만 원밖에 되지 않았기 때문에 계약이 파기될 수 있는 가능성이 상당히 높았기에 불안감이 더해져갔다.

계약의 파기

일반적으로 부동산 계약이 파기되면 매수자는 계약금의 몰수, 매도자는 계약금의 배액을 배상하게 된다. 위와 같은 상황에선 계약금이 300만 원이었기 때문에 매수자가 계약을 파기하고(300만 원을 손해보고) 필자의 물건보다 더 저렴한 -3,000만 원짜리 물건을 매수하는 것이 더 유리한 상황이 되었다.

그렇게 잔금 마지노선 날짜가 되었는데도 임차인은 구해지지 않았고, 결국 매수자는 잔금 지급 날짜를 어기게 되었다. 일반적인 경우라면 계약 날짜 이행 불가에 따른 계약금 몰수가 되어야 했지만, 필자의 경우는 상황이 달랐다. 어떻게 해서든 이 계약이 파기되면 안 됐기 때문에 결국 매수자에게 끌려다닐 수밖에 없었다. 서울에서는 시세가 급등하고 있어 매도자가 보증금을 배액 배상하더라도 계약을 파기하는 상황이 발생하는데, 내가 분양받은 아파트는 정반대의 상황이 전개되고 있었다. 잔금이 진행되지 않자 못 참고 매수자에게 연락하게 되었다.

부몽 : 안녕하세요. 오늘이 재협의한 잔금 마지노선인데 빨리 잔
금을 치러주셔야 할 것 같습니다.
매수자 : 나도 그러고 싶은데, 돈이 없습니다.

'그렇게 말할 줄 알았다.'

부뭉 : 돈이 얼마나 부족하신가요? 그래도 중도금이라도 보내주셔야 기간을 조금 더 기다려드릴 수 있을 것 같습니다.

매수자 : 지금 여기 말고 다른 곳 잔금도 많이 있고, 얼마 전 창원지역에 잔금을 치르는 바람에 통장 잔고가 하나도 없습니다. 12월이 되면 돈이 들어올 곳이 있으니 그때 주겠습니다. 지금 시중엔 몇십만 원밖에 가지고 있지 않습니다. 이거라도 보내드릴까요? (조소 섞인 웃음. 참고로 계약 당시 동일 단지 물건을 여러 개 매수했다고 이야기(자랑)를 했었다)

부뭉 : 그거라도 보내주십시오.

매수자 : ….

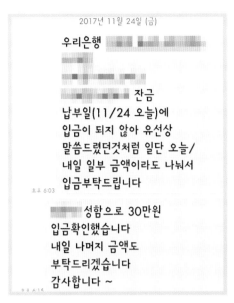

2017년 11월 24일 (금)

우리은행 ▓▓ ▓▓▓ ▓▓▓

▓▓▓ ▓▓▓ 잔금
납부일(11/24 오늘)에
입금이 되지 않아 유선상
말씀드렸던것처럼 일단 오늘/
내일 일부 금액이라도 나눠서
입금부탁드립니다

오후 6:03

▓▓ 성함으로 30만원
입금확인했습니다
내일 나머지 금액도
부탁드리겠습니다
감사합니다 ~

오후 6:15

30만 원의 소중함. 혹시나 하는 마음으로 최대한 공손하게 이야기했다.

결국 30만 원을 먼저 받았고, 한 달이 지날 때까지 애걸복걸해 추가로 70만 원을 추가로 더 받아 기존 계약금 300만 원에 100만 원을 추가 확보하게 되었다. 그 사이에 매수자 명의를 며느리 이름으로 바꾸게 되었고 며느리에게도 조금이라도 동정심을 얻고자 계속 사정(중도금을 더 보내달라고)을 했었다. 하지만 며느리 역시 냉정함은 다를 바 없었고, 필자는 몇 살 어린 매수자에게 굽실거렸다는 자존감 하락만이 남게 되었다.

그렇게 시간이 계속 흘렀고 매수자와 여러 번 실랑이 끝에 기다리기로 한 날짜가 또 여러 번 지나게 되었다. 이제 시중에는 계약금 포기 물건까지 나오는 상황(-3,300만 원)에 더 이상 끌려다녔다가는 오히려 손실만 더 커질 것 같은 생각이 들었다. 계약해주었던 부동산도 고개를 절레절레 흔들면서 도저히 말이 통하는 사람이 아니라고 자기를 통해서 얘기하지 말고 둘이서 해결하라고 했다. 그간 부동산 중개소 사장님의 노력을 충분히 이해하려고 했지만, 처음부터 중개사의 입장은 모호했고 책임을 회피하려는 일관된 태도 때문에 일은 더 꼬여만 갔다.

일이 잘 풀리지 않으면 필자의 손해가 더 클 수밖에 없었고, 또 이 일은 필자가 감당해야 할 일이라 직접 해결해보기로 마음먹고 잔금 지급을 하지 않으면 계약을 해지하겠다는 통보를 보냈다. 그리고 물건을 다른 부동산에도 내놓기로 결정했다.

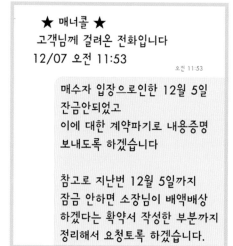

★ 매너콜 ★
고객님께 걸려온 전화입니다
12/07 오전 11:53

오전 11:53

매수자 입장으로인한 12월 5일 잔금안되었고
이에 대한 계약파기로 내용증명 보내도록 하겠습니다

참고로 지난번 12월 5일까지 잔금 안하면 소장님이 배액배상 하겠다는 확약서 작성한 부분까지 정리해서 요청토록 하겠습니다.

매수자는 필자에게 화를 내기 위해 계속 전화했다.

그런데, 배수의 진을 폈기 때문일까? 상황이 급반전되기 시작했다.

계속해서 고자세로 여유를 부리고 있던 매수자가 처음으로 침착함을 잃기 시작했다. 전화까지 해서 필자에게 욕을 하며 자기가 입금한 금액의 배액을 배상하라고 한다.

참고로 부동산 투자를 하면서 상대방이 욕을 하면 내가 유리한 고지에 올라선 것으로 봐도 된다. 상대방이 딱히 이야기할 만한 논리가 없으니 욕을 하는 것이다. 욕을 먹고 정신 건강에 좋아지려면 이렇게라도 위안으로 삼아야 한다.

중개해준 부동산 소장님에게 상황을 들었는데, 필자와 계약한 매수자는 이미 임차인과 계약서를 작성하고 가계약금을 입금 받았지만, 아직 입주 날짜를 정하지 않은 상태라고 한다. 필자와 계약이 파기되면 계약이 파기되는 순간, 필자에게 입금한 500만 원은 날아가고(400만 원을 받은 뒤 그 뒤로 추가로 100만 원을 더 받았었다), 임차인에게 받은 가계약금도 배액 배상해야 할 상황이 되었으니 평정심을 잃었던 것이다.

결국, 물건을 매도 후 두 달이 지나서야 잔금을 모두 받을 수 있게 되었다. 모든 일이 정리되고 생각해보면 한편으로는 속이 후련하지만, 다른 한편으로는 약육강식의 정글처럼 틈만 보이면 상대의 약점을 이용하는 세상이라는 것을 뼈저리게 배웠다.

아무리 아쉬운 상황이라도 절대 끌려다녀서는 안 되며, 부동산을 매수·매도할 때도 이런 협상 전략은 동일하게 적용되어야 한다.

필자의 분양권 손실에 대해 아는 사람들이 손실을 봐서 속상하지 않으냐고 물어보는 경우가 있다. 하지만 필자는 전혀 속상하지 않고 오히려 기분이 좋았다. 왜 그랬는지는 다음 사진으로 설명하겠다.

매매	호인마을 18.03.31	초급매 마이너스4000만				N	110A/84

초급매,마피5000,A타입,세입자100060있음

· 4월   차트   인쇄

전용면적(㎡)	계약일	거래금액(만원)	층	건축년도	도로조건	전산공부
84.9879	1~10	25,000	19	2017	25m이상	보기

· 3월

전용면적(㎡)	계약일	거래금액(만원)	층	건축년도	도로조건	전산공부
84.9879	1~10	28,000	10	2017	25m이상	보기

입주 기간이 끝나고 분양권 시세가 더욱 하락했다.

운명의 장난, 무리한 투자는 경매를 부르고

　필자의 분양권 손실 매도 스토리는 그렇게 끝이 나는 줄 알았다. 하지만 운명의 장난일까? 내가 매도한 주택이 1년 반이 지나지 않아 경매로 나왔다. 그것도 한 채가 아닌 며느리 명의로 등기된 두 개의 주택이 시간을 두고 나타난 것이다.

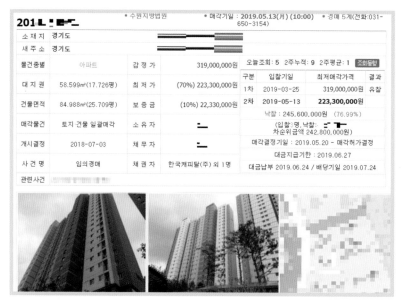

필자가 분양받았던 주택이 매도 후 몇 달이 지나지 않아 경매로 나오게 되었다. 필자가 3억원 초반에 매도했던 주택은 2억 원 중반에 낙찰되었고, 매수자는 결국 이 주택으로만 6,000만 원 정도의 손해를 보게 되었다.

	등기부현황 (채권액합계 : 427,800,000원)					
No	접수	권리종류	권리자	채권금액	비고	소멸여부
1(갑2)	2018.01.16	소유권이전(매매)	▆▆		거래가액:308,400,000	
2(을1)	2018.01.16	근저당	▆▆▆	267,800,000원	말소기준등기 확정채권양도전: 새마을금고	소멸
3(을2)	2018.02.12	근저당	한국캐피탈(주)	45,000,000원		소멸
4(을3)	2018.04.12	전세권(건물의 전부)	▆▆	95,000,000원	존속기간: 2017.12.28~2019.12.27	소멸
5(갑4)	2018.07.03	임의경매	한국캐피탈(주) (서울지점 여신관리팀)	청구금액: 45,000,000		소멸
6(갑5)	2018.07.10	압류	국민건강보험공단			소멸
7(갑6)	2018.07.19	가압류	경기신용보증재단	20,000,000원		소멸
8(갑7)	2018.10.08	임의경매	▆▆	청구금액: 220,765,710원	새마을금고 변경전: 중앙새마을금고	소멸

매수자는 소유권 이전 등기 후 많은 대출을 끌어모았다. 한 눈으로 봐도 무리한 투자를 진행했고 힘들게 잔금을 치렀던 이유를 알 수 있었다.

이 물건은 사건이 종료된 후에 알게 되었다. 만약 매각 기일 전에 경매가 나온 것을 알았다면 입찰도 고려해봤을 텐데 아쉬움이 남는다.

하지만 진정한 투자자라면 이런 부분쯤은 그냥 가볍게 넘길 수 있어야 한다고 생각한다. 그럼에도 불구하고 아직 사건이 진행 중인 물건을 입찰해볼까 잠시 고민하기도 했지만, 개인 감정은 뒤로하고 투자자의 관점에서 입찰하지 않기로 결정했다.

무리한 투자는 결국 경매를 부를 수 있고 자산 손실을 얻을 수 있다는 것. 결국, 나를 힘들게 했던 매수자는 나에게 큰 교훈을 안겨주었다.

주변에서 분양권을 통해 수익이 많이 난 사람들을 심심치 않게 볼 수 있다. 하지만 반대로 지방 분양권 투자를 통해서 자산 손실을 본 사람도 많이 목격했다. 지역분석이 정확히 이뤄지지 않은 상태에서의 투자는 결국 손실의 가능성을 높여주는 지름길이다.

분양권 투자 실패 사례를 돌아보면서 어떤 점을 간과했는지 곰곰이 생각해보았다. 대체 필자는 어떤 점을 놓쳤던 것일까? 손실을 통해 많은 걸 깨닫게 해주었던 분양권 투자. 특히 땅덩어리밖에 없고 개발된 모습을 상상해 투자하는 분양권만큼은 절대로 청사진만 믿고 투자하면 안 된다. 아파트 가격에 큰 영향을 주는 '호재'의 파급력과 실현 가능성을 정확히 알아야 리스크를 줄인다는 것을 이야기하고 싶다.

Part 3.

부동산 투자 2차전,
대반전이 시작되다

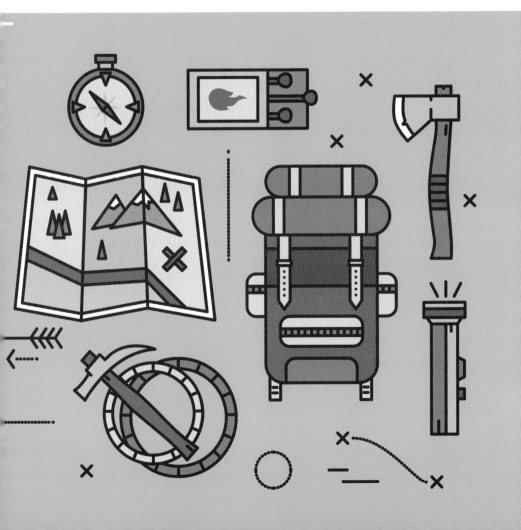

전화위복, 손실을 결심하니
상황이 반전되다

2017년 말, 분양권을 손실 매도 후 한동안 충격에 휩싸여 있었다. 수도권의 부동산 상승기가 시작되었던 2015년, 필자 또한 상승기에 맞춰 부동산 투자를 시작했다. 그리고 주변에서는 하나둘 큰 수익을 내는 사람들이 생기기 시작했다.

나름대로 부동산 카페에서 열심히 활동하고 여기저기 임장을 다니면서 경험을 쌓아오고 있었는데 결국 나에게 돌아온 것은 '손실'이었다. 내 주제에 맞지 않게 투자를 시작한 것은 아닌지, 악착같이 모았던 투자금의 손실은 나에게 큰 충격을 안겨줬다.

여기서 투자를 멈춰야 하는 것인가? 분양권을 매도할 당시만 해도 재투자를 통해서 손실을 만회해야겠다는 다짐을 했었는데 막상 불안감으로 인해 마음은 계속 흔들리고 있었다. 자존감의 하락, 투자의 실패는 재투자의 의사결정을 더욱더 어렵게 만들었다.

그러던 그때, 나의 부동산 투자에 반전의 시기가 찾았다. 2018년 1월 1일 새해 첫날 부동산 멘토 좌포님이 직접 신혼집으로 방문했다. 새해 첫 아침부터 집을 정리하느라 정신이 없었지만 '투자자 가정방문'의 개념으로 이해하니 뭔가 신기하면서도 기분이 좋아졌다. 그렇게 집들이 겸 진행된 좌포님의 방문, 생각지도 못했던 이야기를 듣게 되었다.

좌포 : 부몽, 이사 온 지 얼마 정도 됐지?

부몽 : 와이프 코몽이가 먼저 이사했고, 저는 한 8개월 정도 됐습니다.

좌포 : 그럼 이사 가야겠네. 지금은 실거주를 옮겨야 하는 시기야. 쉽진 않겠지만 가능하면 동탄으로 이사 한번 고민해보는 것이 어떨까?

아니 8개월밖에 되지 않았다고 이야기를 했는데 이사를 하라니 깜짝 놀랐다.

부몽 : 네? 좌포님. 여기 신혼집으로 합친 지 2달 정도밖에 안됐어요. 게다가 코몽이 회사가 천안에 있는데 동탄으로 가기엔 제약이 좀 많은 것 같아요. 동탄의 경우 (주택) 가격도 비싸고, 코몽이

가 퇴사를 하기에는 포기해야 하는 기회비용도 상당한 것 같습니다. 퇴사하기엔 아까운 직장이어서요.

좌포 : 아직도 투자자가 되려면 멀었네. 직장도 중요하지만, 가난에서 벗어나서 부를 재편하기 위해서는 부동산만 한 것이 없다. 월급으로 조금씩 벌어서 아끼는 것이 생활의 만족을 줄 순 있지만, 경제적 자유로 가기 위해서는 투자자의 관점으로 생각을 더 바꿔야 한다. 물론 쉬운 일은 아니겠지만, 고민이 필요한 시점이니 한 번 더 고민해봐.

듣고 아차 싶었다. 투자 손실로 인해 잠시 주춤했던 내 머리가 울리고 있었다. 동탄의 경우 양질의 일자리도 많고 정리된 도시 계획을 기반으로 미래 가치 또한 충분하다는 것은 알고 있었지만, 거주 이전이 불가능하다고 생각하고 손을 놓고 있었던 것이다. 그러던 중, 기적이 발생했다. 단기 임대를 놓고 있던 오산시의 소형 아파트가 며칠 만에 매도가 되었다. 이 아파트 역시 수익이 조금 나 있던 상황으로 최고가 대비 아쉬운 점은 있었지만, 기회비용을 고려해 적절한 선에서 매도 계약을 하게 되었다. 그렇게 해서 갑작스럽게 생기게 된 투자금에 전혀 불가능하리라 생각했던 거주지 이전의 가능성이 열리기 시작했다. 인터넷을 검색해보니, 동탄의 경우 2017년 하반기까지 시세가 조금씩 내려가는 추세로, 감정가는 현장 시세 대비 상당히 높게 반영되어 있었다.

시세의 변곡점을 캐치하라

대출을 받기 점점 어려워지면서 대출 비율을 최대한 높이는 방법을 알고 있는 것이 굉장히 중요하다.

1. 비선호 주택을 저가에 매수
2. 주택 임대 사업자 대출의 활용
3. 법인·사업자 대출의 활용
4. 시세가 떨어지는 단지

물론 이런 내용 말고도 다양한 방법들이 있지만, 그중에서 4번의 중요성에 대해서 이야기하도록 하겠다. 일반적인 경우, 담보 가치를 판단하는 시세는 언제나 현장의 시세보다 후행하기 때문에 시세가 하락하는 단지는 더 높은 비율로 대출을 받을 수 있는 지표가 된다.

하지만 대출만 많이 받는다고 능사는 아니며, 바닥을 찍고 반등할 수 있는 신호를 모니터링해서 시세의 변곡점을 잡아내는 것이 중요하다. 그 시점을 캐치하는 기본적인 방법은 관심 단지의 시세에 영향을 줄 수 있는 대장 아파트 단지의 현장 분위기를 먼저 파악하면 된다. 일반적으로 대장 아파트 단지는 주변보다 먼저 시세 상승을 이끌어주기 때문에, 대장 단지의 반등하는 분위기를 캐치했다면 상승의 온기가 넘어오기 직전의 관심 단지를 저가로 매수할 수 있다.

투자자라면 시세가 상승에서 하락으로 전환되는 변곡점 시점에 관심을 두고 있다가 하락에서 상승 전환되는 변곡점을 잡는 것이 굉장히 중요하다. 시세 상승뿐 아니라 투자금도 최소화할 수 있는 시점이기 때문에 소액 투자자에겐 투자의 최적 타이밍이 될 수도 있다.

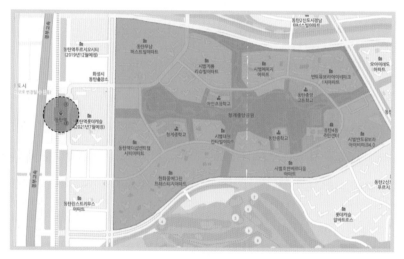

동탄역과 시범단지

그렇게 더리치 카페 회원들과 함께 동탄역 근처 부동산 임장을 다녀왔는데, 현장에서 큰 충격에 빠졌다. 인터넷 기사에서 돌고 있던 동탄의 부정적인 시각과는 다르게 부동산 현장은 몹시나 뜨거웠다. 2017년 12월 동탄역 롯데캐슬 아파트가 분양을 끝내고 청약이 되지 않은 투자자들이 인근 아파트로 추격매수를 하고 있는 것이었다.

그렇게 해서 찾게 된 동탄역 시범 우남 퍼스트빌 25평. 투자금은 얼마 없었지만, 실거주 투자만큼은 공격적으로 들어가기로 결심을 했다.

지금과 같은 부동산 시장에선 핵심 부동산이 더욱 큰 시세 차익을 남겨주기 때문이다. 비록 분양권을 통해 큰 손실을 보긴 했지만, 그 시간은 결코 헛된 시간이 아니었다. 공부하고 투자하면서 거래의 기술뿐 아니라, 부동산의 거시적인 흐름을 이해하는 안목이 조금씩 성장하고 있었다.

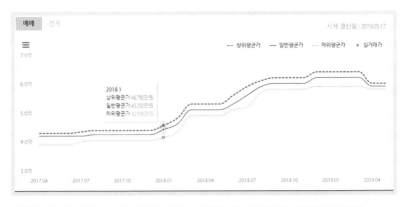

동탄역 우남 퍼스트빌 아파트 25평 KB시세. 2018년 1월 초 임장 후, 시세가 급등했다.

그렇게 내 자산 기준에선 동탄의 대장 아파트 중 유일하게 잡을 수 있는 물건이 시범 우남 퍼스트빌이었다. 하지만 투자자들이 계속해서 붙으면서 매도자 우위 시장으로 조금씩 변하고 있었다. 즉, 쉽게 가격 조정을 할 수가 없었고 대출을 최대한 받아도 1억 원 이상의 돈이 필요했기 때문에 매수에 고민이 필요했다. 그러던 중, 발견하게 된 것이 시범 예미지 아파트, 동탄 2신도시 중 유일한 30평(29평)형을 보유하고 있는 단지다.

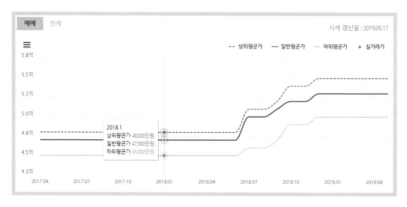

시범 예미지 아파트 30평 KB시세

　시범 예미지의 경우 동탄 2신도시 시범단지 중에서 상대적으로 저렴한 곳이다. 동탄뿐 아니라 다른 지역의 신도시도 시범단지 위주로 시세를 이끌고 있었고, 동탄 역세권 아파트 단지들의 투자자들이 달라붙고 있는 시점, 매가 상승의 온기가 다른 시범 단지로도 넘어올 것이 분명하다고 판단했다.

　시범 예미지 30평 물건의 경우, 우남 퍼스트빌 25평보다 평형도 크고 단지 내 구조 및 자재가 좋음에도 4,000만 원 정도 저렴하게 매수할 수 있었다. 필자가 투자금이 어느 정도 넉넉히 있었다면 우남 퍼스트빌을 매수했겠지만, 시범 예미지의 경우 위에서 언급했던 시세의 변곡점 기준에 최적화된 단지로 KB시세 감정이 상당히 높게 잡혀 있었다. 이런 상황에 당시에 유행하던 대출 상품을 최대한 활용하니 4억 700만 원에 매수한 주택을 4억 7,000만 원 시세로 감정해 대출을 3억 5,900만 원을 받을 수 있었다. 물론 혹자들은 대출 비율이 너무 높기 때문에 이런 투자는 위험하다고 말하기도 하지만, 가격이 오르는 시점이라 투자를 결정할 수 있었다.

88%가 넘는 대출 비율, 즉 12%가 되지 않는 자산 비율로 일반인이 라면 상상조차 할 수 없는 실거주 투자가 이뤄졌다.

계약월	매매	
	거래금액(만원)	층
	52,000	8
2018.09	51,000	11
	51,000	9
	50,000	11
	49,800	4
2018.08	49,150	8
	49,000	9

시범 예미지 아파트 30평 실거래가

이렇게 투자금을 최소화하고 남은 돈으로 다른 곳에 재투자하기로 결정을 내리게 되었다. 부동산 투자를 하면서 큰 수익이 없었던 나에게 최고의 수익률을 안겨줄 것으로 기대하는 실거주 투자가 되었다.

돈 냄새가 나면 주저하지 말고 즉시 달려가라

그렇게 실거주 계약을 기분 좋게 마치고 잔금을 치르기도 전에 시세가 요동치기 시작했다. 나의 예상이 제대로 적중한 것이다. 핵심단지의 온기가 주변으로 빠르게 퍼지기 시작했고 그 결과 잔금을 치르기도 전에 시세가 3,000만 원이나 상승하게 되었다.

하지만 기뻐할 시간은 많지 않았다. 수도권 부동산 시장이 급변하고 있는 이 시점에 재투자 물건을 빨리 선정해야 했기 때문이다. 늦은밤, 더리치 운영진 방에 부동산 멘토인 좌포님으로부터 카톡 메시지가하나 올라왔다.

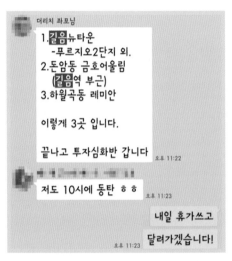

늦은 밤 좌포님으로부터 찾아온 갑작스러운 카카오톡

늦은 시간 많은 사람이 카톡 메시지를 읽었지만 다들 쉽게 결정을 내리지 못하던 그때, 돈 냄새가 강하게 느껴졌다. 실거주 주택을 매수하고 투자금이 어느 정도 남아 있는 상황에서 잘하면 최고의 투자처를 발견할 수도 있다는 생각이었다.

참고로 이때는 2017년 부동산 8·2 대책이 발표된 후, 다주택자들은 2018년 3월 31일까지 집을 팔든지 아니면 주택임대사업자로 등록하라고 했던 시기다.

그렇게 성북구 주요 단지들을 검색해보니 위의 단지들은 아직 시세 상승이 이뤄지지 않았다는 것을 알게 되었다. 왜냐하면, 길음 뉴타운이 위치한 성북구는 더리치 2017년도 상반기 실전반 프로젝트로 진행했던 경전철 임장을 통해 필자가 직접 지역 분석을 했던 곳으로, 이미 시세를 파악하고 있었기 때문이다.

계약월	매매 거래금액(만원)	층	전세 거래금액(만원)	층
2018.02	39,900	15	34,000	14
	39,850	18	34,000	2
	39,000	2	33,000	7
	37,800	1	30,000	7
2018.01	-		28,000	18
2017.07	40,000	16	33,000	18
2017.06	38,000	10	32,000	10
	-		32,000	10

길음뉴타운 2단지 시세표

계약월	매매 거래금액(만원)	층	전세 거래금액(만원)	층
2018.02	59,000	7	46,000	6
	53,000	19	43,000	12
	52,900	15	42,000	4
	50,300	1	-	
	49,000	2	-	
	48,000	1		
2017.06	50,700	17	43,000	17
	48,600	10	41,000	15
	46,800	20	39,000	13
	-		39,000	13

길음 뉴타운 6단지 시세표

이와 다르게 길음 뉴타운의 메인 단지들은 이미 상승을 시작하고 있었고, 분명 서울의 급등 온기는 주변의 단지들로 확산될 것이라고 확신했다.

필자는 분명 현장에서 좋은 물건이 있으리라 판단하고 크게 고민하지 않고 늦은 시간 급하게 회사에 휴가를 내게 되었다.

다들 이런 경우 개인의 이유로, 업무상의 이유로 시간을 내지 못하는 경우가 많다. 하지만 필자의 경우 생각이 달랐다. 돈을 벌 수 있다는 확신은 없었지만, 한소리 듣더라도 이런 기회를 놓쳐서는 안 된다

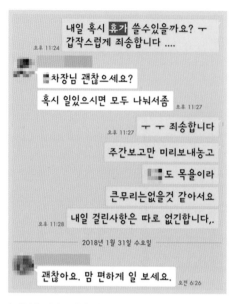

내일 혹시 휴가 쓸수있을까요? ㅜㅜ
갑작스럽게 죄송합니다 ....
오후 11:24

■차장님 괜찮으세요?

혹시 일있으시면 모두 나눠서좀
오후 11:27

ㅜㅜ 죄송합니다
오후 11:27

주간보고만 미리보내놓고

■도 목욜이라

큰무리는없을것 같아서요

내일 걸린사항은 따로 없긴합니다,.
오후 11:28

2018년 1월 31일 수요일

괜찮아요. 맘 편하게 일 보세요.
오전 6:26

늦은 밤 갑작스럽게 양해를 구하고 진행한 휴가

고 판단했다. 정부의 정책은 태풍과 같아서 정책이 시행될 즈음에는 분위기가 좋지 않게 요동치면서 급한 물건이 시장에 나오기도 한다. 그리고 이 기간이 지나면 원래의 가격으로 복귀한다든지 아니면 더 오르는 경향이 있는데, 이때가 이런 타이밍이었다.

서울의 일반적인 부동산의 경우 매매가와 전세가의 차이가 상당히 높았기 때문에 1억 원 미만의 투자금으로 괜찮은 수익을 낼 수 있는 곳은 성북구가 거의 유일했다. 그렇게 바로 달려간 길음 뉴타운의 현장, 상황은 생각보다 다급하게 돌아가고 있었다.

이런 매도자 우위의 부동산 시장에서는 가격 조정이 쉽게 이뤄지기 어렵다. 필자가 매수를 생각했던 부동산은 집주인이 물건을 거두었고, 다른 물건 또한 고민하는 순간, 사라질 것이기에 집 상태가 나쁘지 않다는 말에 주택을 보지 않고 100만 원만 조정해 바로 가계약금을 입금했다. 해당 주택은 이미 임차인이 살고 있는 부동산으로, 전세 세입자를 맞추기 위한 리스크도 없었기 때문에 더욱 매력적으로 다가왔다.

매매가 : 3억 9,900만 원

전세가 : 3억 3,500만 원

수도권이 폭등하기 직전 6,400만 원의 갭 투자가 완성되었다. 당시 좌포님의 부름에 필자와 함께 임장을 했던 네 명 중 (좌포님을 포함한) 세 명이 같은 단지를 매수했고 그 뒤로 많은 회원이 같은 단지에 투자를 진행하게 되었다. 해당 단지는 어떻게 되었을까? 여러분들이 잘 알고 있는 것처럼 2018년도 9·13 대책이 나오기 전까지 폭등하게 되었고 다소 무리한 투자라고 생각할 수 있지만, 분양권 손실 후 두 번의 기회를 모두 잡게 되었다.

2017년 초. 연회원을 위한 경전철 프로젝트 당시 찍었던 길음 센터피스. 당시의 임장 경험이 1년 후 투자의 인연이 되었다. 물론 당시에도 프리미엄이 상당했기에 센터피스를 투자하는 것은 허황된 꿈과도 같았다.

투자금 소진과 함께 찾아온
하우스 푸어? No. 하우스 프리미엄!

힘들게 두 개의 아파트에 투자한 지 얼마 되지 않아 현실은 밑바닥을 기고 있었다. 모든 투자금의 소진으로, 보유하고 있는 현금은 '0'에 가까웠고 투자를 위해 추가 대출을 받아 고정 이자 부담이 더욱 커져 있었다.

170만 원에 육박하는 실거주 담보 대출과 신용 대출 이자는 내 허리를 더욱 압박했고, 와이프 코몽이 또한 동탄으로 일자리가 멀어져 40만 원 이상의 교통비가 들어가게 되었다. 고정비만 200만 원 이상 발생하고 있기에 악착같이 아끼고 돈을 모아야 할 수밖에 없는 상황이 만들어졌다. 다른 의미에서의 '하우스 푸어'였다.

이런 결정에도 나름대로 이유가 있었는데, 기존에 살고 있던 천안

신혼집을 월세로 주었고 거기서 얻는 월세 소득으로 어느 정도 충당을 했기 때문이다. 또한, 필자가 퇴근 후에 하는 일들이 많았기에 가능하면 필자의 생활권에 가까운 것이 더 낫다고 판단했다. 월세 수익으로 이자를 메꾸고 있는 상황에 주변에선 다들 미쳤다고 생각할 수 있지만, 그래도 나는 내 결정을 믿고 기다리기로 했다.

하지만 현금 부담과 다르게 이사를 한 후, 주거 만족도는 더욱 크게 올라갔다. 이사한 곳이 계획적으로 설계가 되었고 사방이 공원이어서 삶의 가치는 기존보다 한층 높아졌다. 돈을 아끼는 것도 좋지만, 이런 것도 하나의 프리미엄이라는 생각이 들었기에 이자에 대한 부담은 사용료로 충분하다고 여겨졌다.

아파트 공실 찾아 떠난 여름휴가

여름 휴가를 맞아 여행지를 찾고 있던 도중, 주변에서 보유하고 있는 아파트 공실 이야기가 귀에 들려왔다. 강원도 강릉과 동해 지역에 좌포님과 더리치 회원 부스타님이 보유하고 있는 주택이 잠시 비어 있다는 것이다. 부동산 커뮤니티에서 오랫동안 활동하다 보니 이런 정보력까지도 우수해졌다. 사실 처음에는 별생각이 없었지만, 한번 강원도로 휴가 일정을 짜도 괜찮을 것 같은 생각이 들었다. 좌포님과 부스타님에게 잠시 여름휴가 일정에 들릴 수 있는지 문의하고 코몽이(필자의 반려자)에게 조심스럽게 공실 여행에 대한 생각을 물어보았다.

부몽 : 이번에 강원도에 아파트가 잠시 비어 있는 곳이 있대. 이

번 여름휴가 이곳으로 가보면 어떨까?

코몽 : 응 그것도 나쁘지 않네. 예전에도 강원도 여행을 갔을 때 너무 좋았어.

부몽 : 그런데, 여기 아파트에 아무것도 없어. 에어컨도 없어서 조금 많이 더울 것 같은데 괜찮을까?

코몽 : 뭐 덥긴 하겠지만, 지금 우리 상황에서는 휴가를 갈 수 있는 것도 기분 좋은 일인 것 같아. 아파트에서는 잠만 자면 되지 뭐. 4월에도 한 번 멀리 여행 다녀왔으니 이번엔 가볍게 다녀와도 괜찮아.

결혼을 정말 잘한 것 같다. 이 얘기를 듣고 코몽이에 대한 고마움이 정말로 강하게 느껴진다. 주변에 있는 사람들은 럭셔리한 휴가를 즐기면서 SNS에 다양한 레저 사진을 올리고 있는데, 현재 경제 상황이 먼저 떠올라 쉽게 안락한 휴가를 가지고 얘기를 하지 못하는 나 자신이 참 싫었다. 성공에 대한 열망이 더욱 강해지게 되었고 '독하게 더 독하게' 경제적 자유를 위해 최선을 다할 것이라고 다짐하게 되었다.

그렇게 즐거웠던 여름휴가. 우리의 마음을 잘 알아주듯이 바람이 많이 불었고, 다행히 그렇게 덥지는 않았다.

물놀이를 하는 코몽이

숙박비를 아꼈기 때문에 그 외의 지출에 대해서는 큰 부담으로 다가오지 않았다. 특히 아낀 돈을 먹고 즐기는 데 모두 사용할 수 있었는데, 평소 쉽게 먹을 수 없는 킹크랩과 같은 고가의 식사에도 큰 부담이 없었다. 언제나 느끼지만 아끼는 즐거움보다는 지출이 주는 만족감이 훨씬 더 크다. 이것은 필자가 부동산을 투자하지 않았다면 결코 깨닫지 못한 기쁨이라 말하고 싶다. 물론 다른 사람들이 볼 때는 빈곤한 여행으로 생각할 수 있겠지만, 나는 그저 코몽이와 함께하는 이 시간 자체가 정말 좋았고 미래에 대한 큰 다짐을 하는 계기가 되었다.

더운 여름 쿨매트 위에서 잠을 자는 코몽이

그리고 기다리고 있는 곳은 더운 공실 아파트. 쿨매트를 깔고 챙겨온 선풍기를 틀고 불편한 쪽잠을 자면서 많은 꿈을 꿨다. 비록 우리가 지금은 불편한 잠을 자고 있지만, 이 과정이 미래의 보상을 위한 준비 과정이라고 굳게 믿고 있다. 물론 책을 읽는 분들이 오해할 수 있을 것 같아 이야기하자면 필자라고 이런 여행을 선호하는 것이 아니다. 수영장이 있는 호텔에서 레스토랑 식사를 즐기면서 시원한 휴가를 즐기고 싶지만, 지금 상황에서는 사치라는 생각이 들었다.

부자는 투자를 위한 돈에 절대 손대지 않는다

어디서 읽었던 글귀가 생각난다. '부자는 투자를 위해 남겨놓은 돈은 절대 손대지 않는다.' 물론 필자가 부자라는 의미는 아니고, 지금 현 상황을 타개하기 위해서는 집을 한 개, 두 개 매도하면 간단하다. 거기에서 남은 돈으로 지출의 자유를 얻을 수 있지만 나는 그렇게 하고 싶지는 않았다.

그렇게 불편한 여행을 다녀오고 분양권 손실 후 투자했던 두 개의 아파트가 모두 1억 원 이상씩 호가가 상승하기 시작했고, 내 결정에 대한 믿음이 더욱 굳어지고 있었다. 아직 가야 할 길이 멀긴 했지만, 자산의 규모가 조금씩 성장하고 있는 모습에 큰 용기를 얻었다.

리스크 대응을 위해
과감히 매도한 핵심 아파트

2019년 5월에 물건 하나 매도를 진행했다. 이 어려운 시장에 잘 팔았다고들 이야기하지만, 그 안에는 사연이 있었다.

부동산 조정기를 맞으니 물건을 내놔도 팔리지도 않고, 전략으로 세웠던 모든 것들이 욕심과 매치가 되지 않아 타이밍을 놓치게 되었다. 부동산 거래의 마비로 부동산 상승장에 배웠던 것들 모두기 무용지물이 된 것이다.

지금과 같은 부동산 시장에서는 보유하고 있는 주택 수가 발목을 잡는 경우가 많다. 그래서 한번 올해 일정을 살펴보았다. 다음과 같이 소액 투자자인 나한테는 다소 버거운 일들이었다.

2019년 임차인 만기 리스트

1. 1월 전세 만기 – 3,000만 원 역전세
2. 1월 월세 만기 – 2,000만 원 보증금
3. 1월 월세 임차인 파산 신고 – 1,500만 원 보증금 / 600만 원 월세 미납 중
4. 5월 전세 만기 – 3,000만 원 역전세
5. 7월 전세 만기 – 5,000만 원 역전세
6. 9월 전세 만기 – 5,000만 원 역전세
7. 9월 월세 만기 – 2,000만 원 보증금

2019년을 살펴보니 많은 일이 나를 기다리고 있었다. 자칫 잘못하다가는 인터넷 기사에 나오는 사례가 될 것 같아서 리스크 대응을 하지 않을 수 없었다. 떨어진 보증금으로만 1억 원이 넘는데, 투자자라고 한다면 재계약도 전략이 필요하다.

일단 1월에 만기 대상들은 미리 임차인들과 협상(임차인이 원하는 것을 찾아보면 큰돈을 들이지 않고 재계약을 할 수 있다)을 해서 재계약이 잘 되었으나, 보유하고 있는 현금으로는 어떻게 대응할 수 없는 상황이 된 것이다.

물론 모든 대상을 임차인과 잘 협상한다면 그 금액을 줄일 수도 있지만, 세금 문제도 있으니 선별의 고민에 빠지게 되었다. 그래서 결국 4번과 5번은 매도하기로 결정했다.

하지만 둘 다, 팔기가 정말 아까웠다. 모두 최고점을 찍고 내려오던 것들로 임차인의 만기 시기와 매도 타이밍이 맞아떨어지지 않았다. 그래서 4번은 작년 7월부터 매도를 시도했는데, 조금 욕심을 부리고 긴장해서 대응하지 않았더니 지금에 이르게 된 것이다.

언제나 느끼지만, 부동산에서 입지보다 중요한 것은 타이밍이고, 전세를 낀 물건들은 그 타이밍을 잡기가 정말로 어렵다.

소액 투자자의 존버력(力)과 손실의 관계

물론 매도에 있어서 고민이 많았다. 위 모든 주택을 다 안고 가려면 투자금을 모두 소진해야 하고, 없는 돈도 여기저기서 끌어다가 만들어야 하기 때문에 앞으로의 삶이 얼마나 피폐해질지 눈앞에 그려졌다.

필자와 같은 소액 투자자들에게는 말 그대로 '레버리지의 리스크'에 발목을 잡히는 것이고 한동안 재투자를 하지 못한다는 점이 더 큰 리스크로 다가왔다.

투자하는 분들은 잘 알 것이다. 투자의 연속성이 끊긴다는 것이 투자자에게 어떤 의미인지.

그래도 이번 4번 물건 매도로 인해 숨통을 트게 되었다. 물론 매도 과정은 순탄하지 않았다. 2019년 4월까지는 집을 보러 오는 사람도 별로 없고 임차인의 만기는 다가오다 보니 초기 매도 희망 가격에서 조금씩 내려오게 되었고 심적으로도 꽤 큰 스트레스가 있었다.

부자를 꿈꾸는 자, 항상 고민하고 고생을 사서 하라

그래도 이런 과정을 겪고 큰 수익이라는 달콤한 열매를 맺게 되었다. 필자의 기준에서는 너무나 큰돈이 한 번에 생기는 것이기에 이 돈을 받아도 되나 생각이 든다.

주택을 매도하고 평소 구매하고 싶었던 물품들을 몇 가지를 구매했다. 코몽이가 계속 갖고 싶었던 전자 피아노를 구매하고 커튼도 없이 밖에서 다 보이던 거실 발코니에 우드 블라인드를 달았다.

그래서 한번 생각해보았다.

만약 내가 더리치에서 부동산을 시작하지 않았고, 중간중간 발생하는 스트레스를 참아내지 못하고 포기했다면 어땠을까? 지금 글을 쓰고 다음 물건에 대해 고민을 하는 순간에도 나는 잘 알고 있다.

필자와 같이 일반 월급으로 생존을 하는 사람들은 행동을 바꾸지 않고, 도전하지 않는다면 이 삶에서 평생 벗어날 수 없다는 것을.

물론 중간중간 손해를 보는 과정도 있었고 이해 관계자들과 트러블도 많이 있었지만, 그 과정에서 경험을 얻고 지금과 같은 큰 소득을 얻게 해주는 기회가 만들어진 것으로 생각한다.

정리하면 이번 매도는 수익의 아쉬움이 아닌 재투자와 도약의 시간이 되었다. 앞으로 다시 한 번 가시밭길로 뛰어들어야 하는데, 투자금을 어느 정도 다시 확보했으니 투자 스토리에 큰 획을 긋는 시기가 다가오고 있지 않나 생각한다.

어떻게 생각할지 모르겠지만, 필자는 부동산 투자의 시작 당시 스트레스에 내성이 굉장히 부족하던 사람이었다. 작은 일 하나에도 신경 쓰고, 확실하지 않으면 계속 잠도 오지 않고 했었다.

부동산 투자, 돈을 버는 것이 첫 번째 목적이지만 누구나 돈을 버는 것이 아니다. 돈을 버는 투자를 위해서는 위기에 대한 내성을 키우고 고생을 사서 하길 바란다.

주택 매도 후, 인당 9만 5,000원짜리 호텔 뷔페 식사를 했다. 언제나 돈을 버는 것보다 지출의 즐거움이 더 크다.

Part 4.

돈 되는 부동산 투자
노하우

2박 3일의 셀프 인테리어 여행 중,
결혼을 결심하다

부동산 투자를 하다 보니 경매보다는 일반 매매로 물건 수를 많이 늘려나갔다. 아무래도 경매의 경우 수익을 목적으로 보수적인 가격으로 입찰하다 보니 낙찰이 쉽지 않았다. 그렇게 한 경매 물건을 또 입찰했으나 필자가 활동하는 카페 회원에게 밀려 패찰하고 역임장을 떠났다.

역임장이란? 🏠

휴가를 내 멀리 지방까지 입찰했는데 패찰할 수 있다. 이럴 때는 그냥 돌아오지 말고 역임장을 해보라. 패찰의 원인을 다시 한 번 확인하는 시간을 갖고, 부동산을 다니다 보면 입찰 전보다 좋은 물건을 잡을 수 있는 확률이 높다. 일반적인 부동산의 경우, 경매가 나왔다는 것을 대부분 알고 있기 때문에 입찰 예정자들한테는 정보를 잘 제공해주지 않는다. 하지만 경매 사건이 종료된 다음에는 부동산 중개사무소에서는 사람을 대하는 태도가 많이 달라진다.

그렇게 역임장을 다니면서 임차인이 맞춰져 있는 마음에 드는 물건을 찾았고 화장실 빼고 어느 정도 올수리가 되어 있다는 말에 집을 보지 않고 매매 계약을 진행했다. 하지만 잔금 후 시간이 흘러 임차인이 계약 기간 종료가 될 때쯤, 집 상태가 생각보다 손상되었음을 알게 되었다.

임차인 퇴거 후, 집 상태가 엉망이 되어 있었다.

Part 4. 돈 되는 부동산 투자 노하우

욕심으로 집을 안 보고 계약한 벌을 지금 받는 것인가? 3등급 주택(p.38 주택의 등급표 참조)인 줄 알고 매수했는데, 3.5등급의 상태가 되어 있었다. 이 상태로 임대를 놓는다면 쉽게 나가지 않을 것이라는 생각이 들어 주변 인테리어 업자에게 문의했으나 대부분 이 정도 보수하는 작업은 진행하지 않는다고 한다. 올수리를 하면 최소 400만 원 이상의 비용이 들어간다고 한다. 한 달에 십몇만 원 임대 수익이 나는 주택에 400만 원 이상의 비용을 들일 수 있을까? 발품을 팔아 알아볼 때까지 알아보았지만, 부분 수리로 아끼고 아껴 150만 원 정도면 가능할 수 있다는 답변을 들었다.

결국, 150만 원의 벽을 넘지 못하고 코몽이와 함께 셀프 여름휴가를 떠나기로 했다. 참고로 필자는 코몽이에게 자주 하는 거짓말이 몇 개가 있다.

1) 별로 할 것 없어
2) 주변에 맛집 있으니 가보자
3) 셀프 수리 끝내고 놀러 가자

위의 내용을 기반으로 수리를 빨리 끝내고 주변 여행지에서 휴가를 즐기자는 것이었는데, 코몽이는 혹시나 하는 마음으로 속아주면서 셀프 수리 여행에 합류하게 되었다.

빠르게 작업을 마치고 휴가를 즐기겠다는 원대한 계획을 세우고 출발했던 2박 3일의 일정, 시작한 지 1시간 만에 큰 시련이 다가왔다.

센서등 연결을 위해 테스트 중 전기 테이프를 자르다가 손가락을 크게 베였다.

위와 같이 현관 센서 등을 교체하는데, 센서가 정상적으로 작동하지 않아서 이런저런 테스트를 하다가 실수로 손가락을 크게 베였다. 아무래도 어깨 너머로 어설프게 배운 셀프 수리다 보니 안전에 대한 부분은 제대로 가이드를 받지 못했고 칼을 잘못 사용한 것이다(장갑을 끼거나, 칼을 바깥쪽으로 사용했다면 다치지 않았을 것이다).

그렇게 손가락을 다친 순간 많은 생각이 파노라마처럼 머릿속을 스쳐갔다. 앞으로 남아 있는 작업을 어떻게 끝낼지 작업에 대한 걱정이 먼저 들었다. 정신을 좀 차리니 생각보다도 많이 베였기 때문에 '손가락에 장애를 얻으면 어떡하지…' 걱정도 됐다. 그래도 일단 손가락을 대충 휴지로 감고 1시간 정도 작업을 했는데, 손가락에 통증이 점점 심해져 더 이상 버티지 못하고 바로 병원에서 치료를 받았다. 당시 피는 계속 멎지 않았었고 열두 바늘을 꿰매고 나서야 어느 정도 진정되기 시작했다. 그리고 아파트로 돌아와 다시 시작된 작업, 그때 옆에서 열심히 작업하고 있는 코몽이가 보인다.

열심히 장판을 깔고 있는 코몽이 사진에 찍히지 않으려 필사 방어 중이다. 생뚱맞지만, 이때 코몽이와의 결혼을 결심했다.

부동산 투자는 혼자 하는 것이 아닌, 가족이 함께하는 것이라 생각한다. 가족 구성원 중 누군가 반대가 심하면 경제적 자유를 위한 첫걸음을 떼기가 어렵다. 필자 역시도 이런 부분을 중요하게 여겼었고 서로를 이해해주고 부동산 투자를 함께할 수 있는 사람에게 더 큰 사랑이 느껴졌다.

이 당시 코몽이의 나이는 27세로 먹거리의 데이트 여행지에 대한 내용을 친구들과 대화하는 것을 즐길 시기다. 하지만 코몽이는 대화에 쉽게 참여할 수 없었다. 주말마다 모델하우스, 부동산 임장, 경매 현장 분석, 셀프 수리, 아파트 청소와 같은 일들이 대부분이다 보니 친구들한테 주말에 있었던 일들을 이야기할 수 없었다.

친구들 : 주말에 뭐 하고 놀았어?

코몽이 : 어, 부동산 좀 돌고 임대를 놓기 전에 잠시 셀프 수리하고 왔어. 그 지역 부동산 사장님들은 어찌나 깐깐하던지 직거래

로 해야 할 것 같아.

아무리 생각해도 뭔가 20대 여성들이 쉽게 나눌 법한 내용은 아닌 것 같다.

그렇게 포기하지 않고 서로 도와가며 2박 3일 동안 진행한 셀프 인테리어. 작업을 마친 후, 완성된 모습을 보니 몹시 뿌듯했다. 수리할 때는 고통스러운 마음에 다시는 하지 말아야겠다고 다짐하면서도, 내 손으로 변화된 산출물을 보았을 때의 쾌감 때문에 (셀프 인테리어의) 중독에서 헤어 나오지 못하게 되는 것 같다.

셀프 수리에 들어간 비용은 단돈 30만 원. 비용을 줄이기 위한 투자금이 얼마 없는 임대인의 어쩔 수 없는 선택이다.

Part 4. 돈 되는 부동산 투자 노하우

임대를 놓기 위한 필사의 방법

코몽이와 아파트를 수리하고 임대가 나가길 기다렸는데 물건을 내놓았던 부동산에서 연락이 오지 않았다.

일단 집 상태에 대해서는 어느 정도 자신이 있었는데 물건을 보여주질 않으니 자신 있는 집을 보여줄 기회가 별로 없었다. 그중 한 부동산만이 집을 보여주었고, 나머지는 시중에 월세 물량이 많다면서 내 물건을 등한시하고 있었다. 당시 근처에 신축 아파트 하나가 입주를 시작했고, 그 시기와 맞물려 임대 시장이 안 좋아져버렸다.

인테리어까지 예쁘게 잘 마무리했지만, 임대를 놓기까지 시간이 길어질 수 있다는 생각이 들어 가만히 기다려서는 안 되겠다고 생각했다. 그렇게 생각한 몇 가지 방법 '접근 채널을 늘려보자'라는 전략을 세웠다.

직거래를 위한 접근 채널

1) 인터넷 카페 홍보 (피터팬의 방 구하기, 지역 맘 카페 등)
2) 지역 교차로 신문
3) 문어발 전단지

혹시나 하는 생각으로 홍보의 가짓수를 늘린다면 연락이 올 수 있는 확률이 높지 않을까 생각했다.

1) 인터넷 카페

지역에서 거주하는 사람들이 가장 많이 접근하는 곳은 대부분 맘 카페다. 임대 정보 글을 올리면 생각보다 많은 관심을 얻을 수 있는 곳 중 하나인데, 정보만 얻으려고 물어보는 경우가 많아서 계약까지는 성 사되기 쉽지 않은 홍보 채널이다. 특히, 지역별로 등업 조건이나 홍보 게시글을 올릴 수 있는 자격이 다르므로 쉽게 올리기 어려운 곳이 많 다. 참고로 맘 카페의 경우, 여성 회원만 가입이 가능할 수 있기 때문에 코몽이의 아이디를 빌려서 홍보의 용도로 사용했다.

지역 맘 카페에 위와 같은 부동산 거래 홍보 글도 심심치 않게 올라온다.

2) 교차로 신문

처음엔 교차로 신문으로 누가 집을 구할까 생각했는데 지방에서는 생각보다 교차로와 지역 일간지를 통해서 많은 연락이 왔다. 다만 교

157

Part 4. 돈 되는 부동산 투자 노하우

차로 신문에 광고를 올리기 위해서는 비용을 내야 하는데 필자가 홍보했던 곳은 아래와 같이 한 칸을 2주 동안 차지하는 데, 35,000원의 비용이 발생한다고 했다.

20평 아파트 한 달 임대료가 30만 원을 받는데, 3cm밖에 되지 않는 공간 2주 사용료가 35,000원이나 되다니 부의 불균형이 크다고 생각했다. 게다가 계약이 되지 않는다면 광고비는 그냥 버리는 돈이기 때문에 쉽게 결정하지 못하다가, 지금 임대 부동산 분위기에서는 충분히 해볼 만한 시도라고 생각했다. 결국, 눈물을 머금고 5,000원을 추가하고 제목까지도 두껍게 업그레이드헤 광고 글을 올렸다.

교차로 전단지는 짧은 공간에 장점을 최대한 담아야 한다.

3) 문어발 전단지

나름의 기준으로 제작한 문어발 전단지를 만들어서 여기저기 전봇대에 붙여놓았다. 처음에 홍보 전단지를 붙일 때 시청에서 (떼라고) 연락이 오지 않을까 걱정했는데, 주변을 보니 다른 사람들이 붙여놓은 홍보 전단지가 굉장히 많았기 때문에 조금 안심이 됐다. 문어발의 경우는 연락처를 떼어가기도 쉽고 관심도가 높을 수 있다는 생각이 들었는데, 발품을 판 노력 대비 효과는 좋지 않은 듯싶다.

비가 와도 전단지가 손상이 가지 않도록 프린트한 출력물에. 투명 시트지로 덮어주었다.

슬리퍼나 발매트는 공실의 분위기를 따뜻하게 만들어줄 수 있다.

일단 사람들에게 물건을 알리기 위해 모든 수단을 최대한 활용했고 다음은 집을 보러온 사람들의 마음을 사로잡기 위해 노력했다. 깔끔하게 청소를 마무리하고, 집을 보러 오는 사람들에게 잘 관리되고 있는 집이라는 이미지를 심어주고 싶어서 현관에 슬리퍼도 가져다 놓았고, 화장실 앞에도 포인트를 줄 수 있는 발 매트를 깔아놓았다.

그렇게 시간이 지나고 몇 군데에서 집을 보고 싶다는 연락을 받게 되었다. 10여 군데 부동산 중개업소에 물건을 내놓고 기다렸을 때는 단 한 부동산에서만 두 번 보여준 것이 다였는데, 은근히 직거래를 찾는 사람들이 있다는 것을 알게 되었다. 그중 한 사람이 집을 보자마자 바로 연락이 왔다.

집 상태가 좋아서 마음에 드는데, 계약을 하게 되면 두 가지 요구사항을 들어달라고 했다. 첫째는 오래된 주택이다 보니 구석구석 찌든 때 제거를 위한 입주 청소와, 두 번째로는 보일러가 노후되었으니 교체해달라는 것이었다.

'입주 청소까진 그러려니 했는데 보일러라니' 내가 생각했을 때도 보일러 연식이 오래되긴 해서 걱정이긴 했는데 아무리 임대가 급하다고 하더라도 불필요한 비용은 최대한 막는 것이 중요했다. 여기서 버벅거리며 말 한마디 잘못했다간 추가로 40~50만 원의 현금이 왔다 갔다 하니 절대 긴장을 놓치면 안 됐다.

부몽 : 보일러의 경우는 전 세입자분께서 문제없이 잘 사용했다고 해서 따로 교체하진 않았습니다. 잘 아시겠지만, 돈 몇십만 원 들어가는 것이 아니기 때문에 쉽게 교체할 수 있는 부분이 아닙니다. 혹시 사용하시다가 상태가 많이 안 좋을 경우, 그때 연락해 주신다면 바로 조치해드리도록 하겠습니다.

이렇게 이야기지만 속으로는 '일단 사용할 수 있을 만큼 사용해 주셨으면 좋겠다'라고 생각했다. 이렇게 임차인과 합의가 잘 되어 계약이 성립하게 되었다. 속으로 터져 나오는 즐거움을 억누르며 가계약금 50만 원만 보내달라고 했다.

"가계약금이요?" 갑작스러운 가계약금 이야기에 임차인은 당황하는 눈치였지만, 가계약금에 대한 필요성을 잘 설명해드렸다. 더리치 회원인 실전님이 예전 직거래 계약을 위해 KTX를 타고 멀리 내려가던 중에 갑작스럽게 계약이 깨진 적이 있어 그 내용을 이야기했다. KTX 비용만 날아가고 계약은 무산되었다.

상황을 잘 이해한 임차인은 조금 뒤 50만 원을 필자에게 입금해주었다. 임대를 놓을 때의 성취감은 부동산을 끼고 계약할 때보다 직거래가 훨씬 더 크다. 셀프 수리까지 해도 안 나가던 임대가 직거래로 이뤄지는 그 순간, 짜릿함은 이루 다 말할 수 없다.

그렇게 잘 마무리가 되나 싶었는데 갑작스럽게 문자가 하나 도착했다.

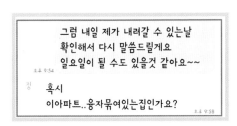

가계약금을 받은 후 갑작스럽게 대출 여부를 물어보는 문자가 왔다.

월세를 놓을 때는 언제나 대출을 끼고 진행하기 때문에, 이런 질문들은 진땀을 나게 만든다. 보증금을 소액임차인의 최우선변제금 수준에서 받았기 때문에 물건에 문제가 있는 것은 아니었지만, 세입자의 입장에서는 대출이 있다는 사실만으로 큰 불안을 느낄 수 있기 때문이다. 그런데 '임차인도 가계약금을 넣기 전에 물어봐야 하는 거 아닌가' 하는 생각이 들었다. 등기부등본도 열람하지 않고 이렇게 바로 가계약금을 입금하다니… 임차인으로 살기 위해서는 정말로 공부가 필요하다는 생각이 들었다.

소액임차인과 최우선 변제금

주택임대차보호법상 소액의 보증금으로 임차하는 경우 사회적인 약자로 보아 주택이 경매에 넘어갔을 때 나라에서 먼저 보증금 보호를 해준다. 여기서 소액임차인을 구분하기 위한 기준은

1) 최우선 담보물권(근저당) 설정 날짜

2) 주택의 소재한 지역

3) 보증금의 규모

에 따라 달라지게 된다.

예를 들어 최우선 담보물권(근저당, 전세권, 담보가등기 등) 설정일이 2017년 4월 24일인 서울특별시 소재의 주택이라면 보증금이 1억원 미만의 임차인이 소액임차인 범위에 들어가고 3,400만 원까지 먼저 최우선 변제를 받게 된다. 필자의 사례에서는 만약 주택이 경매에 넘어간다고 하더라도 임차인이 전입신고를 한 상태로 실제 주택을 사용하고 있다면 일반적으로 1,700만 원까지 가장 먼저 배당을 받을 수 있게 된다.

주의) 소액임차인의 기준은 계약일 기준이 아닌, 최우선 담보물권 설정일 기준으로 달라지기 때문에 꼭 주의해서 기억하길 바란다.

담보물권설정일	지 역	보증금 범위	최우선변제액
1984. 6. 14 ~ 1987. 11. 30	특별시,직할시	300만원 이하	300만원 까지
	기타지역	200만원 이하	200만원 까지
1987. 12. 1 ~ 1990. 2. 18	특별시,직할시	500만원 이하	500만원 까지
	기타지역	400만원 이하	400만원 까지
1990. 2. 19 ~ 1995. 10. 18	특별시,직할시	2,000만원 이하	700만원 까지
	기타지역	1,500만원 이하	500만원 까지
1995. 10. 19 ~ 2001. 9. 14	특별시,광역시(군지역 제외)	3,000만원 이하	1,200만원 까지
	기타지역	2,000만원 이하	800만원 까지
2001. 9. 15 ~ 2008. 8. 20	수도정비계획법 중 과밀억제권역	4,000만원 이하	1,600만원 까지
	광역시(군지역과 인천광역시지역 제외)	3,500만원 이하	1,400만원 까지
	그 밖의 지역	3,000만원 이하	1,200만원 까지

2008. 8. 21 ~ 2010. 7. 25	수도정비계획법 중 과밀억제권역	6,000만원 이하	2,000만원 까지
	광역시(군지역과 인천광역시지역 제외)	5,000만원 이하	1,700만원 까지
	그 밖의 지역	4,000만원 이하	1,400만원 까지
2010. 7. 26 ~ 2013. 12. 31	서울특별시	7,500만원 이하	2,500만원 까지
	수도권정비계획법에 따른 과밀억제권역 (서울특별시는 제외한다)	6,500만원 이하	2,200만원 까지
	광역시(수도권정비계획법에 따른 과밀억제권역에 포함된 지역과 군지역은 제외한다.), 안산시,용인시, 김포시, 광주시	5,500만원 이하	1,900만원 까지
	그 밖의 지역	4,000만원 이하	1,400만원 까지
2014. 1. 1 ~ 2016. 3. 30	서울특별시	9,500만원 이하	3,200만원 까지
	수도권정비계획법에 따른 과밀억제권역 (서울특별시는 제외한다)	8,000만원 이하	2,700만원 까지
	광역시(수도권정비계획법에 따른 과밀억제권역에 포함된 지역과 군지역은 제외한다.), 안산시,용인시, 김포시, 광주시	6,000만원 이하	2,000만원 까지
	그 밖의 지역(세종시 포함)	4,500만원 이하	1,500만원 까지
2016. 3. 31 ~ 2018. 09. 17	서울특별시	1억원 이하	3,400만원 까지
	수도권정비계획법에 따른 과밀억제권역 (서울특별시는 제외한다)	8,000만원 이하	2,700만원 까지
	광역시(수도권정비계획법에 따른 과밀억제권역에 포함된 지역과 군지역은 제외한다.), 안산시, 용인시, 김포시, 광주시(세종시 포함)	6,000만원 이하	2,000만원 까지
	그 밖의 지역(세종시 제외)	5,000만원 이하	1,700만원 까지
2018. 09. 18 ~	서울특별시	1억1천만원 이하	3,700만원 까지
	수도권정비계획법에 따른 과밀억제권역, 세종시, 용인시, 화성시	1억원 이하	3,400만원 까지
	광역시(수도권정비계획법에 따른 과밀억제권역에 포함된 지역과 군지역은 제외한다.), 안산시, 김포시, 광주시, 파주시	6,000만원 이하	2,000만원 까지
	그 밖의 지역	5,000만원 이하	1,700만원 까지

소액 임차인과 최우선 변제금

Part 4. 돈 되는 부동산 투자 노하우

10만 원 대필의 위력! 구성원 모두가 환영하는 계약

그렇게 계약을 하려고 하다 보니, 금요일 저녁밖에 시간이 되지 않았다. 그런데 금요일 퇴근을 하고 가려고 내비게이션을 켜보니 3시간이나 걸리는 것이었다. 주말에 해야 할 일도 많았고, 당일로 왕복이면 6시간이라는 시간이 걸리기 때문에 고민하다가 세입자를 구할 때 유일하게 집을 보여줬던 부동산 소장님에게 전화를 드렸다.

부몽 : 소장님, 안녕하세요. 소장님이 많이 도움을 주신 덕분에 계약이 잘 성사되었습니다. 직거래로 계약하게 되었는데 지금까지 사장님에게 도움을 받은 것도 많고, 사장님이랑 계약을 하고 싶어서 그러는데, 혹시 세입자가 그곳에 간다면 계약서 대필이 가능할까요? 부족하지만 서류 대필비로 10만 원을 드리도록 하겠습니다.

소장님 : 아, 잘 되었네요. 그런데 대필이라는 것을 진행해본 적이 없어서….

부몽 : 기본 서류는 모두 준비되어 있고 소장님께 제가 다 전달해드릴게요. 소장님은 계약서만 작성해주시고 임차인에게 간략한 설명만 해주시면 됩니다. 임차인과 통화 후에 다시 한 번 연락드리겠습니다.

그렇게 임차인도 환영할 만한 대필로 계약이 진행되었다. 그 결과,

1) 필자는 계약을 하러 내려가지 않아서 시간을 벌 수 있었고
2) 부동산 소장님은 서류만 작성해주고 일당을 벌 수 있었으며
3) 세입자는 부동산에서 계약해서 심적 안정을 찾을 수 있었다

결국, 이해관계자 모두가 Win-Win 할 수 있었던 계약이었다. 그리고 소장님에게 세입자 잔금을 받기 전 미리 입주할 수 없도록 도어락 비밀번호 변경과 잔금 납부 시 관리비 정산을 요청했다.

임차인의 요구사항에 대한 답변의 팁

이 사례에서 임차인이 요청했던 입주 청소. 만약 필자가 입주 청소(23만 원 비용 발생) 대신에 임차인에게 청소비로 10만 원을 지원해주면 어땠을까?
급한 마음에 입주 청소를 해주겠다고 대답을 했지만, 순간의 기지로 비용을 아낄 수 있는 팁들이 있다. 협상이란, 언제나 상대방이 생각하지 못하고 있던 이로울 수 있는 점을 끄집어내는 것이기 때문이다. 이런 것들은 대부분 경험에서 나오게 되고 주변에 부동산 투자자들이 있다면 쏠쏠한 조언을 얻을 수 있다.

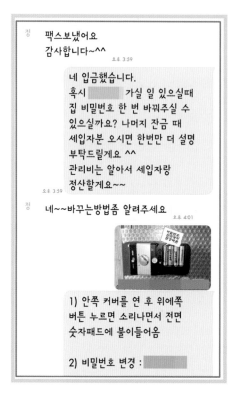

정　팩스보냈어요
　　감사합니다~^^
　　　　　　　　오후 3:59

　　　　　네 입금했습니다.
　　　　　혹시 ▓▓▓▓ 가실 일 있으실때
　　　　　집 비밀번호 한 번 바꿔주실 수
　　　　　있으실까요? 나머지 잔금 때
　　　　　세입자분 오시면 한번만 더 설명
　　　　　부탁드릴게요 ^^
　　　　　관리비는 알아서 세입자랑
　　　　　정산할게요~~
　　오후 3:59

정　네~~바꾸는방법좀 알려주세요
　　　　　　　　오후 4:01

1) 안쪽 커버를 연 후 위에쪽
버튼 누르면 소리나면서 전면
숫자패드에 불이들어옴

2) 비밀번호 변경 : ▓▓▓▓

대필 후, 거리가 멀어 직접 진행하기
어려운 가벼운 부탁을 드렸다.

부동산 투자자들의 사용 빈도가 높은 필수 어플 🏠

부동산 투자를 하다 보면 휴대폰을 최대한 활용할 수밖에 없다. 아무래도 휴대폰이 주는 편의성 때문에 사진 촬영, 녹음기, 지도 어플뿐 아니라 부동산 빅데이터 관련된 (직방, 호갱노노, 부동산 지인 등) 정보를 보조적으로 활용할 수 있다.
그중에서도 부동산 투자자들에게 실무적으로 도움이 되는 어플(안드로이드 버전) 두 가지를 추천하고자 한다.

첫 번째 : 모바일 팩스

예전에는 팩스를 보내기 위해서 팩스가 있는 곳을 꼭 찾아다녀야만 했다. 가정에는 대부분 팩스가 없기 때문에 근처 주민센터나 팩스가 가능한 곳에서 서류를 발송할 수 있기 때문이다.

하지만 이제는 전혀 그럴 필요가 없다. 부동산 투자를 하다 보면 기본적으로 외부에 팩스를 발송하는 일들이 많고 원거리의 부동산으로부터 받아야 할 서류들도 많다. 이 때문에 모바일 팩스가 더욱 편리하고 효율성이 높다. 게다가 한번 받은 팩스는 계속 휴대폰에 남아 있기 때문에 나중에 다시 찾아보기도 좋다.

두 번째 : 캠스캐너 (CamScanner)

모바일 팩스와 함께 사용하면 가치가 배가되는 어플이다. 일반적으로 문서를 보내야 할 때 사진을 찍어서 보내면 제대로 찍히지 않는 경우가 많다. 하지만 캠스캐너 어플을 사용하면 계약서, 대출서류 등 일반 사진을 스캔한 것과 같이 변환을 해주기 때문에 몹시 편리하다. 특히 구도를 잘못 잡아도 자동으로 수평을 잡아주기 때문에 정말 스캐너로 저장한 것 같은 효과를 얻을 수 있어 활용도가 높다.

부동산 소장님에게 부담감이라는 선물을 선사하라

　　한참 투자하면서 같은 지역에 두 달 차이로 매수했던 물건이 있다. 둘 다 전세 계약으로 보유하고 있었는데, 임대차 계약 만료가 다가오기 전 리스크 분산을 위해 하나는 매도하기로 결심했다. 그런데 부동산 시장이 점점 안 좋아지면서 매도 요청을 했던 물건이 1년이 지나도록 소식이 없는 것이다. 상황이 안 좋아질 것을 고려해서 미리 내놨던 것인데, 결국 임차인의 만기 날짜가 다가오면서 마음이 다급해지기 시작했다.

　　일단 물건을 빨리 빼기 위해 해당 지역의 부동산 소장님들에게 물건을 모두 뿌렸다. 시장이 좋을 때는 믿음직한 부동산 중개업소에 위임해 신뢰를 쌓는 것이 좋지만, 시장이 좋지 않을 때는 그냥 내 물건을 빼줄 단 한 사람을 찾는 것이 중요하다.

그런데도 불구하고 시장을 이기기에는 역부족이었는지 그 뒤로도 매도 관련 문의는 도통 오지 않았다.

계속해서 시간만 흘러 답답하던 무렵 한 부동산으로부터 연락이 왔다. 지인분이 집을 알아보고 있는데 입주 날짜가 급해서 빨리 입주 가능한 집을 알아본다고 했다. 그래서 내가 연락했던 물건이 생각났고, 혹시 빠른 입주가 가능하면 집을 보고 싶다고 이야기했다.

오랜만의 매도 문의였기 때문에 일정이야 임차인과 협의해 맞출 수 있을 것 같았기에 그러라고 했다. 그리고 한번 생각해보았다. 복비를 올린 상태인데다 부동산 소장님의 지인이 집을 보는 것이기 때문에 부동산 소장님은 어떻게 해서든 거래를 성사시키고자 최선을 다하리라 생각했다.

필자는 이런 상황이 물건을 더욱 어필할 수 있는 타이밍이라 판단해 부동산 소장님에게 약소한 선물을 보냈다.

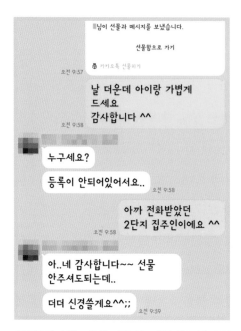

날 더운데 아이랑 가볍게
드세요
감사합니다 ^^

오전 9:58

누구세요?

등록이 안되어있어서요..

오전 9:58

아까 전화받았던
2단지 집주인이에요 ^^

오전 9:58

아..네 감사합니다~~ 선물
안주셔도되는데..

더더 신경쓸게요^^;;

오전 9:59

여름이 되기 전 조금씩 더워가는 계절이었기에 소장
님에게 아이스크림을 선물했다.

혹시 이 매매가 성사되지 않더라도 근처에 또 다른 아파트 월세 물건 임대도 필요했기 때문에 같이 신경 써달라고 말씀을 드린 것이었다.

그렇게 초조한 상태로 매매가 되길 기다리고 있었는데, 집을 보러 간다고 하고 감감무소식이었다. 보통 이 경우, 집을 보지 않았거나 집을 봐도 반응이 좋지 않은 경우가 많다. 그래서 한 번 연락을 드려봤더니 집을 보려고 하던 분이 다른 급매 물건이 많은 것을 보고 그쪽으로 알아본다고 했다고 한다. 참고로 필자의 주택은 섀시까지 올 수리되어 있는 집이었는데, 부동산 매매 시장이 불황이다 보니 집도 보지 않고 가격만 보고 판단하는 경우가 많았다.

이런 내용 때문에 대부분의 사람은 결국 아이스크림 비용만 들어간 것이 아니냐고 이야기한다. 일반적으로 계약이 성사되었을 때 지불하는 중개 수수료는 당연하게 생각하지만, 계약의 불확실함에 사용되는 지출은 아무리 적은 돈이라도 아깝다고 생각한다.

며칠 뒤, 부동산 중개업소에서 필자의 월세 매물을 소개하겠다고 전화가 왔다.

시장에 많은 물건이 있는 상태에서 내 물건을 먼저 보여주었고, 그게 바로 계약이 성사되었다. 불확실하다고 생각했던 작은 선물은 큰 선물로 나에게 다시 돌아오게 되었다.

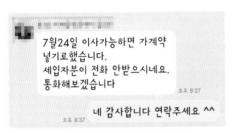

7월24일 이사가능하면 가계약 넣기로 했습니다.
세입자분이 전화 안받으시네요.
통화해보겠습니다
오후 8:27

네 감사합니다 연락주세요 ^^
오후 8:37

임대차 계약의 가계약금을 받을 땐 언제나 기쁘다.

인테리어학 개론, 유통 경로를
이해하면 가격 절감이 보인다

    2016년도 더리치 카페에서 필자가 진행한 공개 강의를 듣고 더리치의 회원이 되었던 아로니아님으로부터 카페에 문의글 하니기 올라왔다. 인테리어 비용을 줄이기 위한 내용이었는데, 아로니아님의 경우 필자의 강의를 듣고 더리치에 정착했다는 생각이 들어서 더 책임감 있게 도움을 드리고 싶었다.

아로니아(tjdt****) 11
2018.05.31

거실 등박스 내려 않음
세입자가 아래 사진을 보내 왔네요
거실 등박스가 내려 않았다고~
그래서 부동산 사장님께 부탁했던이 견적이 60만원(등박스 그대로 부착)
등박스 제거하고 벽지 바르는데는 (110만원) 둘중 어떤걸 선택해 되는지요?
글구 지역은 서울 업자 아시는분 있을까요?

아로니아님의 문의글

거실 등을 감싸고 있는 등박스

여기서 등박스란, 거실 조명 주변을 사각으로 감싸고 있는 합판형 몰딩이다. 아로니아님이 어떤 결정(등박스 부착, 등박스 제거)을 하든지 견적이 과하다는 느낌을 받게 되는데, 임대업을 하다 보면 위와 같은 선택의 갈림길에 서는 경우가 많아진다.

그렇다면 아로니아님은 어떤 선택을 해야 옳은 것일까?

1) 등박스 그대로 부착(원 상태로 복구) : 60만 원
2) 등박스 제거하고 벽지 시공 : 110만 원

등박스를 제거했을 때 집의 가치가 올라간다고 하면 조금 더 큰 비용을 들이더라도 후자의 결정이 맞을 수 있지만, 위 경우에는 비용을 최소화하는 등박스를 수리하는 방향으로 가야 한다고 생각한다. 등박스의 유무가 주택을 좀 더 비싸게 매도할 수 있는 요인은 절대 아니기 때문이다.

그런데 아로니아님이 받은 견적이 어마어마하다. 사진만 보면 대충 끼워 넣기만 하면 될 것 같은데 60만 원이라니, 추가의 재료비도 들 것 같지 않은데 단순 인건비 정도로는 이해가 되지 않는다.

유통 채널이 증가할수록 견적은 상승한다

대체 왜 이런 견적이 나오는 것일까? 바로 여러 사람을 거치기 때문이다.

1) 견적 요청자(아로니아님)
2) 부동산 공인중개사
3) (종합)인테리어 업자
4) 인테리어 외주 담당자
5) 제2의 협력사

견적은 대충 이런 방향으로 진행(업자마다 조금씩 다를 수 있다)되기 때문에 유통업과 마찬가지로 한 단계가 올라갈수록 금액이 올라간다고 보면 된다. 특히 3 Step의 경우, (종합)인테리어 업자들이 다른 업자들한테 외주를 주고서도 마진을 남겨야 하는데, 수익성이 떨어지는 작은 일은 웬만하면 하지 않으려고 한다.

그럼 어느 정도 답이 나오는 것 같다.

2번과 3번 Step을 건너뛰고 1번 Step의 아로니아님이 직접 4번 Step의 인테리어 외주 담당자로 연락하면 더 저렴한 견적을 받을 수 있다.

그럼 위 사례의 경우는 누구한테 연락해야 할지 궁금할 텐데, 목재 관련된 일은 '목수'가 작업을 진행한다고 생각하면 된다. 만약, 딱 '목

수'가 떠오르지 않는다면 주변 인테리어 업자분한테 전화해서 상황을 설명해보자. 그러면 대부분 (어디로 연락해야 하는지) 관련 업체에 대한 설명 정도는 알려줄 것이다.

인테리어 유통 경로를 최소화하기 위한 팁

앞의 내용을 이해한다면 유통 경로를 최소화하기 위한 첫발은 떼었다. 하지만 실전에선 어떻게 적용되어야 할까? 한번 정리해보도록 하겠다.

인테리어 자재 소매상. 보통 설비 구역과 같이 특정 구역에 집중돼 있다.

1) 화장실 : 타일 소매업자에게 연락해보자.
2) 페인트 : 페인트 소매업자에게 연락해보자.

3) 싱크대 - 신발장 : 가구 제작 업자 - 공장 목공소로 연락해보자.

4) LED 조명 : 조명 소매, 생산 공장으로 연락해보자.

원자재를 파는 소규모 업자들은 대부분 평상시에는 시공 작업을 직접 하고 있다가 남는 시간에만 상가에 들르는 경우가 많다. 그래서 상가 문이 닫혀 있는 일이 비일비재하기에 꼭 미리 연락해보고 찾아가는 것이 좋다.

하지만 위의 방법도 비싸다고 하면 자재는 본인이 직접 구매하고 인력 사무실에 연락해 작업인부들을 구해보자. 인테리어에 대한 이해도가 어느 정도 있다면, 이 경우 딱 원재료비와 (인부의) 인건비만 발생한다(ex : 화장실 시공 업자 두 명 모집).

이 내용을 참고해 (아로니아님 소유의) 수리가 필요한 집 주변 몇몇 목공소에 문의한 결과, 견적을 60만 원에서 10만 원까지 줄이게 되었다. 물론, 필자의 생각으로는 10만 원도 비싸다고 생각했지만, 특수 장비를 사용해서 밀어 넣어야 하고, 사후 보수도 감안해야 했기에 이 가격에 수긍했다.

이와 같은 비용 문제를 해결하는 과정을 통해서 인테리어에 대한 기본 유통 흐름을 이해할 수 있다. 필자의 경우 셀프 인테리어를 자주 다니다 보니, 인테리어와 관련된 내용을 더 다루고 싶어 카페에 인테

리어 관련 정보도 등록하고 카페 회원들의 문의에 계속해서 도움을 드리고 있다.

아로니아님에게 받은 깜짝 선물. 선물을 기대하고 도움을 드린 것은 아니지만, 기분이 몹시 좋았다.

부몽의 부동산 인테리어 팁

수익을 높이는 방법의 하나는 발생하는 비용을 줄이는 것이다. 특히, 인테리어·하자 보수와 관련된 비용 최적화 이슈는 임대인이라면 평생 안고 가야 하는 과제라고 생각한다. 이를 해결하기 위해서는 인테리어 항목에 대해서 높은 이해가 있어야 한다. 자산 규모가 큰 임대업자일지라도 셀프인테리어를 직접 진행하는 이유다.

즉, 인테리어는 잘 알수록 (내가 직접 하지 않더라도) 내 돈을 아낄 수 있으니, 콘센트 교체와 같은 작은 항목부터 도전하면서 이해도를 높여보자. 또한 비용뿐 아니라 인테리어가 된 부동산의 정확한 가치를 알아보기 위해 셀프인테리어 경험은 필수다.

소중한 돈
10만 9,000원 지키기

어느 날 저녁, 모르는 번호로부터 연락이 왔다.

잔금을 치른지 얼마 되지 않았던 지방 아파트 물건의 임차인이었는데 입주한 지 일주일이 되어 보일러가 고장이 났다고 한다. 사실 임차인에게 연락이 오는 것은 임대인 입장에선 달갑지 않은 주제가 대부분이다.

보일러 기사님을 바꿔달라고 이야기해보니 보일러의 컨트롤 박스가 고장이 나서 교체해야 한다고 한다. 컨트롤 박스란, 컴퓨터의 CPU 같이 중추적인 기능을 담당하는 부품인데, 교체 비용이 10만 9,000원이어서 보일러 연식을 생각하면 보일러를 새로 교체하는 게 낫다고 한다. 가뜩이나 돈도 없는 상황에 날벼락이다.

일단 알겠다고 하고 주택을 매도했던 분이 지원해줘야 하는 부분을 임차인에게 설명해드리면서 하루만 더 기다려달라고 양해를 구했다.

그렇게 주택을 매수했던 부동산 소장님께 연락드리니 조금 애매한 상황이라고 한다. 연식도 오래된 보일러기도 하고, 특정 부품만 교체하면 되는 것이기에 매도자에게 연락을 꺼리는 것 같다.

그래도 얘기해달라고 하고 기다렸는데 대답은 No.

거절당하고 나니 부동산 소장님께 살짝 서운했다. 그전까지 과정을 진짜 잘 처리해주어서 매매·전세 복비 조금 더 얹어드렸었는데, 내가 매수했던 매물은 다른 부동산의 매물로 그 사람의 입김이 좀 강하다고 한다.

그 부동산 중개업소에서는 이미 오래된 보일러이고 무조건 소모품이라고 강조하며 내 요구를 원천 봉쇄했다고 한다. 매도인이 자기랑 개인 친분이 있기 때문에 매도자에게 연락도 안 하고 보호하는 상황. 내가 매수한 부동산도 이게 암묵적인 룰과 같아서 강하게 이야기를 못한다고 하는데 개인적으로는 이해가 안 된다. 하지만 반대로 내가 매도자 입장이라고 생각해보니 물건을 내놓고 싶은 부동산 중개업소다.

순간 여러 가지 생각이 떠올랐다. 그냥 내가 돈을 내고 끝낼 것인지, 매도자 부동산에 전화해서 논리 싸움을 할 것인지, 매도자한테 직접 전화를 할지 결국, 문제를 해결하기 위해서는 내가 매도자한테 연락하는 것이 가능성이 높다고 생각하고 직접 전화했다.

부몽 : 안녕하세요. 이번에 아파트 매수를 한 부몽입니다.

매도자 : 그러신데요? (첫 대답부터 불길하다)

부몽 : 매수했던 부동산 보일러가 고장이 나서, 임차인한테 연락을 받았습니다. 수리비가 10만 9,000원이라고 해서 이 부분에 대한 지원을 요청 차 연락드렸습니다. 보일러가 오래되긴 했지만, 일단 수리 후 사용이 가능한 상태라고 합니다.

매도자 : 보일러에 대한 부분은 제가 비용 지불은 어려울 것 같습니다.

부몽 : 지금 집을 매매하고 거의 바로 확인된 부분이고, 다른 부분도 아니고 보일러가 고장 난 건인데, 이 부분은 매도자께서 지원해주셔야 할 것 같습니다.

그렇게 보일러 수리비 납부 대상을 두고 실랑이를 벌이고 있었는데, 상대방도 보일러 수리는 매도자 부담이라는 것을 잘 알고 있는 것 같지만 애써 모르는 척하려는 것 같았다.

매도자 : 그럼 반반하시죠.

순간 고민이 많았다. 상대방이 자꾸 거절하니 절반이라도 받아야 할 것 같은 생각이 들었기 때문이다. 하지만 잠깐 고민하다가 처음 내 의견을 계속 주장하기로 했다.

부몽 : 죄송합니다. 집 내부에 인터폰과 같이 소소하게 고장 난 부분은 따로 말씀 안 드리고 제 비용으로 처리했습니다. 하지만 보일러는 소모품이 아니기에 수리 지원을 해주셔야 할 것 같습니다.

매도자 : 보일러도 일반적으로 소모품으로 봅니다.

말도 안 되는 소리를 하니 슬슬 짜증 나기 시작했다. 매매 계약을 할 때 자기가 부동산으로, 비트코인으로 얼마를 벌었다 얼마를 벌었다 그렇게 '억억억' 돈 자랑을 하더니 보일러 수리에 필요한 작은 비용은 아까운가 보다.

부몽 : 임대업을 하시는 매도자분께서 더 잘 아시겠지만, 보일러 같은 경우는 매도할 때 다 필요 경비로 인정되는 만큼 소모품에 속하지 않고 있습니다. 양도소득세 신고할 때 괜히 공제되는 것이 아니라고 생각합니다. 갑작스러운 비용에 다소 기분이 상하실 수 있으시겠지만, 이 부분을 잘 알고 계실 것이라 생각하기에 배려를 부탁드립니다.

매도자 : (마지못해) 그럼 계좌번호 보내주세요. 수리되면 입금하겠습니다.

10여 분 동안 통화하며 다행히 이야기가 잘 되었지만, 실제 대화는 또렷하게 이야기하지 못한 채 진행됐다. 투자를 시작한 지 그렇게 오래되지 않았던 상황이었기에 당시에는 이런 대화가 너무 익숙하지 않았다. 말실수 한 번 하면 내 돈이 날아가는 상황이라 그런지 정당한 요구인데도 이상하게 긴장된다.

부동산 투자에서 '좋은 것이 좋은 것이다'라고 생각하는 것은 상황과 사람 봐가면서 해야 한다고 생각한다. 물론 지금 건은 10만 원에 불과하지만, 부동산 투자를 하다 보면 말 한마디에 몇백만 원, 몇천만 원이 왔다 갔다 할 것을 생각하니 순간 짜증은 났다. 하지만 예행연습을 하는 과정이라 생각하니 기분이 좀 괜찮아졌다.

참고로 이런 일들은 경험할수록 훨씬 대처 능력이 좋아지기에 스트레스는 좀 받더라도 투자자들의 일상이라고 생각하자.

처가의 내 집 마련
Task 총책을 맡다

결혼하고 종종 통영에 있는 처가를 들리다 보니 장모님은 집에 대해 고민이 하나 생기셨다고 한다.

거주하고 있는 집이 좁아 나와 와이프 코몽이가 찾아가면 장모님과 같은 방을 사용할 수밖에 없었다. 기존에는 불편함이 없었는데 새 가족이 생기니 큰 집에 대한 필요성이 생겼고 결국 장모님이 이사를 가고 싶다고 이야기했다.

그래도 내가 부동산 공부를 열심히 하고 있으니, 좋은 주택을 알아봐주고, 가격 협상까지도 맡겨주셨다. 결과에 대한 책임도 따를 수 있기 때문에 부담스러운 마음과 함께 알겠다고 말씀드리고, 이사할 만한 곳 몇 군데를 추려보았다.

Part 4. 돈 되는 부동산 투자 노하우

그중 아직 독립하지 않은 처남의 의견도 반영해 통영에서 가장 비싼 단지들이 모여 있는 죽림(광도면)으로 이동하기로 마음먹었다.

처남은 대출을 더 받더라도 좋은 단지로 가고 싶다는 것이었는데, 필자는 기왕 대출을 더 받을 거면 조금 더 가격대가 높은 단지도 같이 알아보자고 이야기했다. 실거주 주택의 경우, 언제나 가격과 평형에 한정하다 보면 좋은 주택을 고르기가 어렵기 때문에 일단 여러 주택을 본 다음에 가격을 맞추자는 것이었다. 또한, 필자가 신도시 새집에서 살고 보니 삶의 질이 높아졌기에 장모님도 그런 집에서 살아보면 좋겠다는 생각이 들어서 더더욱 괜찮은 동네를 선택했다.

부몽의 주택 단지 고르기 노하우

1. 주택의 가격과 평형에 한정하시 않는다.
2. 주변 문화시설과 편의시설을 체크한다.
3. 큰 도로가 가까운지 확인하고, 지도 어플에서버스 정류장을 눌러 본다(정류장은 있으나 버스가 몇 안 다니고, 배차 간격이 긴 곳은 정류장의 가치가 떨어진다).
4. 지도어플에서 '지적편집도'를 눌러 주변에 상권이 가까운지 살펴본다.
5. 초등학교는 꼭 도보 가능한 거리로 살핀다.
6. 주변에 혐오 시설은 없는지 체크하고, 건설 계획 중인지 확인한다.
7. 근처에 비슷한 규모(평형)의 대체재가 많은지 살핀다.
등등 임장 체크리스트 기준으로 탐색한다.

네이버 지도의 지적편집도. 잘 모르는 지역이라도 상권이 밀집되어 있는 붉은색을 보면 대략 중심 지역을 유추할 수 있다.

그렇게 해서 어느 정도 절충이 된 단지가 한선 파라타운 24평 아파트였다. 통영 죽림에 하나 있는 초등학교가 가까이에 있으면서도 거래량도 많은 단지였다. 여기서 다시 한 번 통영에 대해서 지역 설명을 해보도록 하겠다.

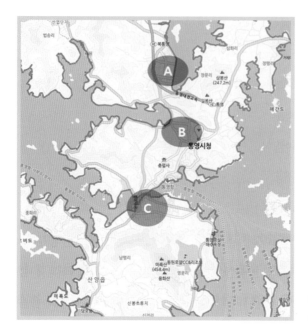

위의 지도와 같이 통영은 필자의 기준으로 크게 세 구역으로 나눌
수 있는데

A(죽림 구역) : 과거 통영시 지역경제가 좋을 때의 신축 아파트
밀집단지로, 부동산 시세의 성장을 이끌던 메인 단지다. 통영의 산업
단지와 거제도 조선소로 출근하기 좋은 입지이면서 정비가 잘 되어 있
기 때문에 시민들의 주거 선호도가 높다.

B(무전동 구역) : 통영 시청과 기존 도심이 위치한 곳으로, 상권
과 편의시설이 잘 갖춰진 곳이다. 그중 해안가에 위치한 한진로즈힐

아파트는 과거 프리미엄 아파트로 이름이 난 곳이다.

C(미수동·도남동 구역) : 미륵도라고 불리는 곳으로 과거 통영 대교가 연결되기 전에는 섬이었다. 국내 중견 조선소가 어려워지자 관광 산업으로 대변신을 했으며 노후 아파트들이 대부분이기에 몇 아파트들은 임대 수요가 많고 수익률이 좋다. 신축 아파트 부지를 확보하기 어려운 곳으로 입주 물량의 위험에서 벗어나 있다.

이 단지 중 임대 목적이라면 C 구역을 선택하는 것이 좋지만 실거주이기 때문에 A 구역이 상대적으로 가격 상승에도 유리하지 않을까 생각했다. 2018년 당시 해당 구역은 지역 경제 하락과 입주 물량에 막혀 34평 고점 대비 가격이 1억 원 가까이 내려가 있는 상태이기 때문이었다.

한선 파라타운 24평 시세

Part 4. 돈 되는 부동산 투자 노하우

절약은 부동산으로 하는 것이 가장 크다

그렇게 장모님이 광도면의 몇 주택을 보게 되었고, 그중 마음에 드는 단지를 선택해 나에게 가격 협상을 부탁했다.

가격 : 1억 7,000만 원 / 1억 6,900만 원까지 절충 가능.

로열층이고 수리가 어느 정도 되어 있는 집이었기 때문에 햇볕이 따스하게 들어오는 거실이 장모님 마음에 쏙 든 것이다. 이 주택 매수를 위한 협상을 진행하는데, 여기서 추가로 가격이 깎이질 않았다. 지역 분위기상 충분히 가격 조정이 되리라 생각하는데 생각보다 조정이 되지 않는 것이었다. 필자가 생각할 땐 100만 원만 깎여 있는 것으로 보였지만, 매도자 입장에서는 이미 상당히 높은 가격에서부터 내려온 주택이기 때문에 더는 깎아주지 못하겠다는 것이었다.

결국, 협상은 실패했다. 이 과정에서 중개하던 부동산 소장님이 내가 가격만 깎으려고 하니 짜증을 내는 느낌이 강하게 들었다. 그래도 큰돈이 들어가는 건인데, 가격이 맞지 않으면 거래가 되지 않는 것은 어쩔 수 없지 않은가. 그 뒤로 부동산 중개업소에서 (나를 통하지 않고) 장모님에게 직접 연락했고, 장모님은 우리 사위가 결정하지 않으면 어렵다고 답변했다고 한다.

장모님은 주택을 구매하는 기간이 점점 길어지자 조금씩 지쳐갔지만 조금 더 기다려야 한다고 판단했다. 2018년 당시 통영시의 입주 물량은 아직 꽤 남아 있는 상태였고 통영 해모로(2018년 10월 입주/1,023세대) 아파트 입주장까진 계속해서 주변 단지 시세 하락이 이어질 것이 눈에 보였기 때문이다.

통영시 입주 물량(2017~2018년)

단지명	입주 시기	입주 세대
다우드림캐슬	17.06	105
주영더팰리스 5차	17.09	976
주영더팰리스 6차	17.11	171
덕진월츠 2차	17.12	191
코아루 1단지	18.08	396
코아루 2단지	18.08	151
해모로 오션힐	18.10	1,023
합계 :		4,270

13만 소규모 도시에 단기간 내 이 정도 공급은 정말 상당한 양이다. 그래서 결국 장모님께 부동산 중개업소로 문자 하나 보내달라고 부탁을 드렸다.

　　　　　　　　　　　　　　　　　　Part 4. 돈 되는 부동산 투자 노하우

안녕하세요 소장님
집이 정말 마음에들어서 계약을
하고 싶은데 지금 아무래도 무리를
하는것 같아서 조금이라도 부담을
줄이고자 사위가 100더 조정을 얘기
한 것 같네요. 저도 조금이라도
조정된다면 좋아서 알겠다고
했는데.. 불편을 끼쳐드리는 것
같네요 실계가 되는건 알지만
마지막으로 혹시 50정도만이라도
더 조정이 될 지 문의 드립니다.
그래도 안된다고 하면 16800으로
진행을 하고 싶어요. 소장님이
계속 잘해주시고 하셨는데 조정이
안된다고하더라도 소장님과
계약을 하는게 도리에 맞다고
생각합니다.
계속해서 무리하게 부탁드려
죄송합니다 그리고 감사드려요 ^^

직접 마주하면 협상이 어려울 것 같아서 문자를 대신 부탁드렸다.

내가 협상을 전적으로 진행하고 있었기 때문에 부동산 중개업소에서는 필자를 까다롭고 대화가 불편한 사람으로 판단하고 있었다. 이 때문에 내가 하고 싶은 얘기를 둘러서 장모님에게 부탁을 드렸다.

하지만 내 예상과 다르게 가격 조정이 되지 않은 채, 집 주인의 기분이 단단히 상했고 물건을 거두어 버렸다. 그 뒤로 몇 개의 물건이 더 나와서 집을 보았는데, 모두 가격 조정이 되지 않고 계약이 이루어지지 않았다.

아쉬운 생각이 조금 들긴 했지만, 그래도 바로 잡지 않는 것이 투자자의 관점에서 옳다는 생각이 들었다. 현재 통영 부동산 경기가 좋지 않고, 앞으로 아파트 분양 입주가 남아 있는 상황에서 지금 가격은 절대 만족스럽지 않았다. 이 상황에서 나를 제외한 집주인, 부동산, 장모님 모두가 초조한 상태로 나의 결정을 기다리고 있는 상황이 된 것이다.

그러던 중, 2주의 시간이 지나고 부동산 중개업소로부터 갑작스럽게 전화가 왔다. 처음 가격 조정이 되지 않던 물건이 다시 나왔다는 것이었다. 필자가 요구했던 가격에 맞춰주겠다는 것이었다.

여기서 필자가 가격을 받아들였을까? 당연히 거절했다. 지금과 같이 거래가 계속 이뤄지지 않은 상황에서는 무조건 매수자 우위 시장으로 이어질 수밖에 없다. 가격을 계속 깎아대는 마음에 들지 않는 상대에게 자존심을 구기면서 직접 연락했다는 것은 필자가 협상에서 유리한 고지를 점령했다는 것이다.

그렇게 해서 만들어진 가격 1억 6,500만 원. 필자는 여기에서 최소 100~200만 원을 더 깎으면 계약을 하겠다고 했다. 부동산에서는 필자에게 짜증을 냈지만 지금도 결국 매도자가 부동산 시장을 받아들이지 않아서 가격이 더 내려간 것이라고 응수했다. 앞으로 하반기까지 상황이 더 안 좋아질 것은 확실하니, 가격이 맞지 않는다면 계약은 어렵다고 답변을 드렸다.

마지막으로 1~2주 정도의 시간을 더 기다렸고, 3개월을 기다린 끝에 줄다리 협상이 끝이 나게 되었다. 장모님이 1억 6,900만 원에 구매하려고 했던 아파트는 결국 500만 원을 낮춰 계약하게 되었다.

3달 동안 뭐 하는 것이냐고 생각할 순 있겠지만, 500만 원이라는 지출을 줄이기 위해서 가족들이 얼마나 많은 것을 희생하고 아껴야 하는지 한번 생각해보자. 필자가 어릴 적에는 근검절약이라고 하는 것은 기본으로 교육받았고 과소비를 한다는 것은 죄를 짓는 것으로 알고 있었다.

추운 겨울옷을 두껍게 입어가며 난방 비용을 아끼고, 더운 여름에 에어컨을 쉽게 틀지 않고 얼음 팩으로 더위를 식혔으며, 비용을 줄이기 위해 많은 것을 포기해야 했다. 하지만 그렇게 아끼는 금액이 막상 1년에 얼마 되겠는가? 부동산 투자를 하면서 기존에 알고 있던 생각의 틀이 완전히 달라져버렸다.

부동산 시장을 이해한다면 적은 돈은 백날 아끼는 것보다 부동산을 통해 한 번 아끼는 돈이 훨씬 크다는 것을 알 수 있을 것이다. 돌려서 이야기하면 부동산으로 한순간에 큰돈을 벌 수 있다는 것이다.

Part 5.

투자의 집중도를 높이기 위한
부동산 생존 전략

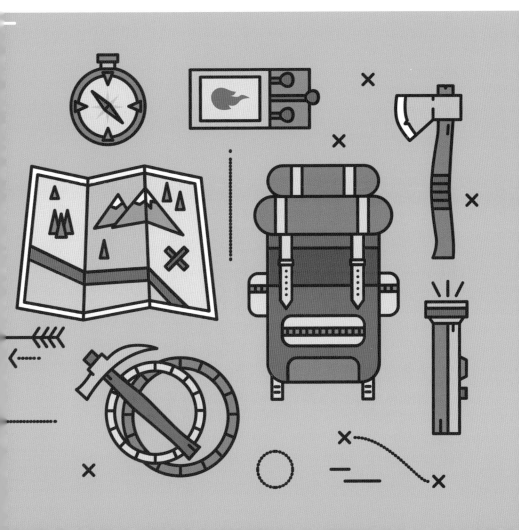

소액 투자자의 역설과
새로운 변화의 시작

　제2의 월급을 만들어라. '머니 파이프 라인'이라는 단어는 이제는 일반 상식이 되었으며, 자주 접하는 내용이 되었다. 다들 잘 아는 것처럼 '경제적 자유'로 가기 위해 자산이 스스로 돈을 벌어다 주는 파이프 라인을 계속해서 늘려나가야 한다. 그렇게 부동산이라고 하는 파이프의 한 꼭지로 투자를 시작하게 되었고, 투자를 시작한 지 1년 만에 얼마 있지 않던 투자금(Seed Money)을 거의 다 소진하게 되었다. 이때 수도권 부동산 상승장을 돌아보며 몇 가지 생각을 하게 되었다.

　첫 번째, 내가 산 집만 오르지 않고 있다.
　두 번째, 투자금이 떨어지니 투자에 대한 관심이 떨어지고 있다.

그리고 마지막 세 번째, 돈을 벌기 위해서 투자를 시작했지만, 이상하게 스스로의 씀씀이가 더욱 안 좋아지고 있다.

소액 투자자의 역설인지, 머니 파이프 라인을 늘려갈 때마다 시드 머니의 소진은 상당한 비율로 떨어져나가게 되었고, 투자 원금을 다시 회수하기 전에 또 다른 투자를 진행하다 보니 생활고라는 종착점에 도달해버렸다. 다른 의미로 스스로 여유가 없는 하우스 푸어가 된 것이다.

이 시기 정말 고민이 많았다.

'잠시 투자를 멈추고 현금이 어느 정도 쌓이면 투자를 진행할 것인가?'

'그래도 더 공격적으로 움직일 것인가?'

제2의 월급 통장 만들기 프로젝트, 부동산으로 낮아진 진입장벽

결국, 조금은 더 안전 투자를 진행하기로 했고 부동산 월세가 아닌 더욱 소액으로 가능한 다른 방향의 월급 통장 만들기 프로젝트를 준비하게 되었다. 작은 부업을 하나씩 시도하다 보면 큰 그림으로 모여질 것이라는 생각을 하게 되었고 그렇게 시작하게 되었던 것이 에어비앤비 숙소 영업과 인형 뽑기 기계 운영이었다.

필자와 코몽이가 직접 집 전체를 수리해 에어비앤비 사업장으로 운영하게 되었다.

당연히 두 가지 모두 진행해본 적이 없었고 정보 또한 부족했기에 일단 시작은 했지만, 시행착오도 많이 겪었다. 사업을 직접 진행해본 사람들에겐 아무것도 아닌 시도일지 모르나, 세상 물정 모르고 정말 평탄한 삶 속에서 회사 생활만 하던 필자에게는 모든 것이 새로웠고 어려움 그 자체였다.

그런데 신기한 것은 부동산 투자를 시작하고, 다양한 관계 속에서 경험을 쌓다 보니 다른 일도 두려움의 장벽을 넘을 수 있을 것 같은 자신감이 생겼다. 더리치에서 부동산 투자를 하면서 스스로 가장 큰 변화의 포인트는 새로운 것을 시도할 때의 진입장벽이 몹시 낮아진 것이다. 내 결정에 따라 몇천만 원, 몇억 원이 왔다 갔다 하는 상황에서 다른 부분들은 해볼 만한 것으로 느껴졌기 때문이다. 그리고 그 과정에서 '스스로에 대한 자부심 향상'이 투자를 멈추지 않게 도와주는 원동력이 되어 나를 이끌게 되었다.

물론 지금 하는 것들이 큰 수익을 남겨주지는 않지만, 머릿속에서는 더욱 다양한 생각(성공 여부와 상관없이)들이 돌고 있다. 그냥 더 높은 곳(고급 투자)으로의 발걸음을 위해 안간힘을 다하고 있다.

소액 위주의 투자를 진행하는 사람들은 가용할 수 있는 투자금 규모 자체가 작기 때문에 투자를 지속할 수 없는 경우가 상당하다. 결국, 투자 몇 번에 자체 투자 종강을 선언하는 일들이 상당히 많다.

에어비앤비로
새로운 수익 모델을 창출하다

활용도가 떨어지는 지방에 있는 주택을 에어비앤비로 전환해서 활용한 적이 있었다. 2016년도 초에 우리나라에 처음으로 도입된 에어비앤비 서비스는 급속도로 확산되었고 셰어하우스 트렌드에 한번 합류해보고 싶었다.

> '한국판 **에어비앤비**' 추진…'내 집' 민박 가능해진다 SBS CNBC 2016.02.17. 네이버뉴스 ☑
> 숙박 공유 서비스의 대표적인 플랫폼인 '**에어비앤비**'의 경우 3만5000여개의 도시에 200만개의 객실을 확보했고 지난해에만 4000만명이 이용했습니다. 하지만 국내에서는 주택을 활용한 숙박 공유 서비스에 대한 법적인...

우리나라 에어비앤비 서비스는 2016년도 3월에 도입되었다.

더리치 새싹반 동기인 랄라님과 함께 에어비앤비 특강을 듣고 확신을 얻어 바로 지방에서 에어비앤비 서비스를 진행했다. 아무래도 처음 시작했던 사업이다 보니 크게 투자금을 들일 수 없었고, 필자가 집에서 사용하고 있던 기존의 짐을 재활용해 숙소를 꾸몄다. 다만 불안한 요소가 하나 있었는데, 필자가 시작하려고 했던 에어비앤비 숙소의 위치는 일반 주거 지역이다.

관광지도 근처에 없는 이곳에 대체 누가 찾아올 것인가? 필자가 등록한 숙소 주변에는 에어비앤비로 등록된 주택이 하나도 없었는데, 선점한 사람이 없다는 것은 그만큼 수요 파악이 어렵다는 것이었다. 이런 불확실성 때문에 쉽사리 시작하지 못했지만, 특강을 들으면서 용기를 얻게 된 것이었다.

'내가 가끔 잠만 자는 활용도가 떨어지는 주택인데 영업이 잘 안된다고 하더라도 큰 손해는 아닐 것이다'라는 생각으로 시작하게 되었다. 아직 모든 것이 갖춰지지 않고 있던 시점에 사이트에 올려놓은 정보를 보고 개인에게 장기 숙박 문의가 들어왔다.

갑작스러운 숙박 문의였고, 아직 준비가 제대로 되지 않았었기에 잘 이야기를 해서 에어비앤비가

게스트 3명, 7월 11일~7월 21일

입주를 앞두고 며칠 머물곳이 필요해서요. 아들이 방학이라 잠시 귀국했는데 집밥을 먹이고싶은 엄마맘이네요. 실례지만 몇년된 곳인지요. 그리고 취침시에 호스트님과 함께 거주해야하는지 궁금합니다.

2년 전

근처 입주가 예정에 앞서 예약 문의 요청이 들어왔다.

Part 5. 투자의 집중도를 높이기 위한 부동산 생존 전략

아닌 단기 임대차 계약으로 예약을 받게 되었다. 실사용자는 신축 아파트에 입주하기 전 한 달 정도 잠시 머무를 공간이 필요했기에 주택에서 제공하는 서비스와 임차인의 요구사항이 딱 맞아떨어졌던 것이다. 그렇게 에어비앤비 서비스를 위한 비품들을 구매하고 간신히 시간을 맞출 수 있었다.

보완

많은 사람이 새로운 일을 시작할 때 많은 고민이 많은 이유가 '완성된 모습'을 떠올리기 때문이다. 하지만 필자는 어떤 일이든 완성은 없다고 생각한다.

– 무조건 잘해야 한다는 생각
– 문제없이 일을 마무리해야 한다는 생각

완벽주의 성격을 갖지 않은 사람들도 완벽함을 기대하며 이런저런 이유로 시작하지 못한다. 필자 또한 그런 사람 중 하나였다.

하지만 부동산 투자를 시작하고 어떤 일이든 완벽하게 준비해서 시작해본 적이 없다. 100이라는 것을 기획했다면 언제나 10에서 30 정도만을 준비하고 이행한다. 행동 방식이 180도 바뀌게 되었다.

투자를 진행해보니 미리 준비해서 시작할 때보다 일단 일을 시작하고 그것을 풀어나갈 때 더욱 집중해서 큰 에너지가 나온다는 것을 알게 되었다. 즉, 일 처리의 효율성이 비교가 안 된다. 물론 준비가 부족했기 때문에 중간 중간 놓치거나 돌아가는 경우들이 당연히 발생한다.

하지만 준비가 제대로 되지 않아 큰 문제가 발생한다고 하더라도 그

것 또한 하나의 과정이라고 받아들이고 집중해서 문제를 해결해보도록 하자. 조금 돌아가는 것이 고민하다가 멈추는 것보다 훨씬 낫다고 생각하기 때문이다. 그래도 신경이 쓰인다면 주변 사람들을 믿어보도록 하자. 사람들과 의견을 나누다 보면 해결책이 나오지 않는 것이 없다. 투자자들이 이렇게 많은데 무엇이 걱정인가? 다들 나와 같이 문제를 고민했었고, 나와 같은 경험을 한 사람들이기 때문이다. 조금씩 보완해나가면서 성과가 보이기 시작했을 때 이뤄냈다는 만족감은 정말로 크기 때문에 꼭 '보완'의 즐거움을 맛보도록 하자.

걱정스럽게 시작했던 에어비앤비 서비스. 첫 예약을 받은 뒤로부터는 일사천리였다. 영어를 잘하지 못했지만, 외국인들과 구글 번역기를 활용해 소통하며 예약 사항에 관한 내용을 전달했고 한국 사람들이 찾아올 땐 불편한 사항들을 정리해서 다음에 바로 반영해서 숙소를 보완했다. 결국, 에어비앤비 호스트로서의 경험치가 누적되기 시작했다.

그럼 다음은 에어비앤비 실전 투자와 관련된 이야기를 한번 해보도록 하겠다.

에어비앤비(Airbnb) 서비스란?

에어비앤비는 2008년 8월에 창립된 숙박 공유 플랫폼 스타트업으로 우버와 함께 공유 경제 양대 산맥 체제를 유지하고 있다. 대명사처럼 에어비앤비라고 쓰고 있긴 하지만, 사실 하나의 서비스 이름으로 집의 일부 공간을 서비스로 제공(빌려주는)해주는 플랫폼이다.

집 일부를 빌려주는 것은 우리나라에도 예전부터 있던 개념이다. 필자가 직접 살아본 적은 없지만, 바로 하숙집이다.

> ## BNB(Bed and Breakfast)
>
> 일반적으로 숙박과 숙식을 제공하는 현지 민박 정도 생각하면 된다. 남는 주거 공간을 빌려준다는 기본 개념은 에어비앤비와 같은 것이다. 다만, 실무적으로 다른 점이 있다면 사업자 업종 코드와 거주 기간 정도다.

하숙집과의 차이점을 찾자면 일단 구성원들을 부르는 명칭과 임대의 기간이 다르다는 점이다.

임대인은 호스트
임차인은 게스트

즉, 에어비앤비 운영을 한다는 것을 '호스팅한다'라고 하는 용어도 이렇게 해서 쓰이는 것으로 생각하면 된다.

아리송한 숙박업 그중에서 에어비앤비는 어느 곳에?

모텔, 호텔, 여관, 리조트, 민박, 숙박, 게스트하우스, 콘도 등 다양한 숙박업의 종류가 존재한다.

그중에서 에어비앤비는 어느 유형의 숙소일까 궁금해서 생각나는 숙소의 유형들을 정리해봤는데 유형이 정말로 많다. 그중에서도 크게 숙박업과 작게 민박업으로 구분할 수 있는데, 가볍게 살펴보도록 하겠다.

1) 숙박업

숙박업이란, 손님이 잠을 자고 머물 수 있도록 시설과 설비 등의 서비스를 제공하는 영업을 말한다. 부동산 투자를 하면 꼭 알아야 할 주택법, 건축법 등이 있듯이 숙박업은 일반적으로 공중위생관리법령을 준거하고 있다. 하지만 위의 숙박업 업종별로 준거 법령들이 조금씩 다르고 기준들이 모두 다르므로, 이 책에서는 간단하게 개념 정도만 다루겠다.

숙박업 유형별 허용 고객 대상과 시설·지역 기준

구분	외국인관광 도시민박업	한옥체험업	호스텔업	농어촌민박업	공유민박업
도입연도	2012년	2009년	2009년	1995년	미도입
시설기준	단독주택 다가구주택 아파트 연립주택 다세대주택	한옥	숙박시설	단독주택 다가구주택	단독주택 다가구주택 아파트 연립주택 다세대주택
대상	외국인 한정	내/외국인	내/외국인	내/외국인	내/외국인
지역	도시지역	제한없음	제한없음	농어촌지역	도시지역

가볍게 몇 업종만 추려봤는데 대상과 시설 기준이 업종별 조금씩 다른 것을 볼 수 있다. 그중에서도 개인이 에어비앤비 영업을 하기 위해서는 주택을 가지고 서비스를 해야 하는데 시설 기준으로만 구분하면 민박업(외국인관광 도시민박업, 농어촌민박업, 공유민박업)만이 영업할 수 있다.

이 중에서도 도심 지역 주택의 내외국인 대상으로 영업이 가능한 공유민박업은 아직까지 도입되지 못하고 있는데, 그 이유 중 하나는 기존 숙박업자들의 영업권이 충돌하는 문제가 있기 때문이다. 공유민박업이 도입되면 도심 지역에 가정용 주택까지 숙소로 전환되어 대량 늘어나게 될 것이고 기존 숙박업자들로서는 경쟁자들이 많아져 큰 영향을 받기 때문이다.

즉, 기존 숙박업자들의 공유민박업 도입 반대와 다른 이유 때문에 법안이 만들어지지 않고 큰 충돌만 빚고 있는 것이 현실이다. 사실 에어비앤비가 우리나라에 서비스가 시작(2016년 3월)되었을 때 부산·강원·제주 지역에 우선적으로 공유민박업을 도입하기로 했었으나, 아직도 결정되지 않고 표류 중이다. 벌써 3년이 넘었는데 해결방안은 나오지 못하고 있다. 하지만 그렇다고 에어비앤비 운영을 할 방법이 없는 것은 아니기에 전국 각지에서 서비스가 진행되고 있다.

2) 민박업

민박(民泊)업이란, 사람이 살고 있는 주택의 일부 공간을 숙소로 사용하는 것을 의미한다. 에어비앤비 역시 집의 일부 공간을 서비스하는 것이기에 민박업에 포함된다.

민박업의 종류별 비교

구분	외국인 관광 도시 민박업	농어촌민박업	공유민박업
허용지역	도시 지역	(준)농어촌 지역	도시 지역 (조례로 농어촌 지역 가능)
이용자	외국인	내외국인	내외국인
연간 영업 가능일수	상시	상시	180일
호스트 거주 요건	필수거주	필수거주	필수거주
대상주택	단독주택 다가구주택 연립주택 다세대주택 아파트	단독주택 다가구주택	단독주택 다가구주택 연립주택 다세대주택 아파트
규모 제한	230㎡ 미만	230㎡ 미만	방 다섯 개 이하

일반적인 주택으로 에어비앤비를 하기 위에선 위의 세 가지 민박업 중 하나를 선택해서 등록해야 한다. 하지만 위에서 이야기했던 것처럼, '공유민박업'의 경우는 현재(2019.09) 도입이 되지 않은 상태이기에 대부분 도시민박업과 농어촌민박업으로 등록하고 있다. 그중에서도 도시 지역에 영업용 주택이 많이 있기 때문에 '외국인 관광 도시민박업'으로 영업하는 경우가 많다.

하지만 외국인 관광 도시민박업의 경우 이용자는 외국인으로 제한

된다. 현재 농어촌 지역이 아니라고 하면, 에어비앤비 운영은 외국인 상대로만 운영이 되고 있어야 맞는 것이다. 그럼에도 불구하고 내국인의 도시 지역 에어비앤비 수요가 많기 때문에 막상 도시 지역에 운영되고 있는 주택의 영업은 외국인으로 한정하지 않는 경우도 많다.

그렇다면 관광지도 아닌 지방 주거 지역의 에어비앤비에 대체 누가 찾아왔을까?

1) 가족
2) 연인
3) 여행
4) 출장자 등

신기하게도 그냥 동네에 위치한 에어비앤비 숙소였는데, 생각보다 많은 예약 문의가 왔다. 물론 서울 수요가 많은 곳(홍대, 강남 등)처럼 사전에 몇 달 치가 다 예약이 되고 그러진 않았지만, 내가 운영한 곳은 입지 대비 기대 이상이었다. 특히 추석과 설 등의 연휴 기간의 경우 수요가 상당했는데, 외국에 사는 외국 국적 한국인들이 명절을 쇠기 위해 가족들이 쉴 수 있는 적합한 숙소를 찾는 것이었다.

그렇게 에어비앤비를 운영하면서 느꼈던 일은, 언제나 주택 단기임대에 대한 수요는 많다는 것이다.

그럼 에어비앤비의 장단점은 무엇일까? 에어비앤비 숙소 두 개를 운영하면서 느꼈던 점들에 대해서 한번 정리해보려고 한다.

장점

1) 투자금이 적게 들고 진입장벽이 낮다.

2) 손님이 숙소를 사용하면 바로 입금이 된다.

3) 사용료에 연체가 없다.

4) 대부분 숙소를 깔끔하게 사용한다.

1) - 일단 가장 큰 장점은 투자금이 덜 들어가며, 부동산 투자 대비 리스크가 작기 때문에 진입장벽이 훨씬 낮다. 에어비앤비를 시작할 때 자주 물어보는 질문 중 하나는 '꼭 내 집으로 해야 하나요?'이다. 하지만 꼭 그럴 필요가 없으며, 대부분의 에어비앤비 호스트들은 주택을 임차해서 에어비앤비로 활용하고 있다. 주택을 임차해 보증금을 최소화한다면 투자금이 많이 들지 않기 때문에 젊은 투자자들에게 더 인기를 끌고 있다. 물론 임대한 주택을 다시 재임대를 놓기 위해서는 임대인과 협의해 승인을 받거나, 전세권을 설정하면 된다.

2), 3) - 수익이 바로 눈에 들어온다. 아파트 월세의 경우 한 달에 한 번 들어오지만, 에어비앤비는 예약이 들어오는 만큼 사용료가 그때마다 들어온다. 즉 한 달 내내 예약이 들어온다면 매일 매일 사용료가 입금된다. 이러한 현금성은 에어비앤비 호스트에게 큰 힘을 준다. 게다

가 개인에게 돈을 받는 것이 아닌 에어비앤비라고 하는 글로벌 기업에서 책임지고 사용료를 전달해주기 때문에 연체가 전혀 없이 바로바로 통장에 돈이 꼽힌다.

4) - 에어비앤비를 하면 손이 많이 갈 것으로 생각하는데, 크게 신경 쓸 것은 별로 없다. 대부분의 게스트가 숙소에 입실하고 정리도 알아서 잘하고 간다. 호스트가 직접 거주하는 숙소의 경우는 게스트가 더욱 정리를 잘하고 가는 편이며, 친구들과 놀러 온

기재내용	찾으신금액(원)	맡기신금액(원)
Payonee	0	63,050
Airbnb	0	106,700
Payonee	0	65,960
Airbnb	0	80,510
Airbnb	0	80,510
Airbnb	0	82,450
Payonee	0	67,900
Airbnb	0	145,500

에어비앤비는 이처럼 손님이 입금한 다음 날 또는 그다음 날에 바로 등록한 계좌로 현금이 들어온다.

사용자들의 경우 밤새 시끄럽게 떠들기도 하고 정리를 잘 안 하기도 하지만 비율이 높지는 않다. 아무래도 에어비앤비라고 하는 것이 개인 정보를 오픈해서(숙소 예약 시 개인 신분증을 비롯한 인적 정보를 등록할 수 있다) 숙소를 빌리는 것이기 때문에 정리 또한 어느 정도 잘 되는 것이고, 관광지가 아니다 보니 상대적으로 가족 위주로 예약이 들어온다는 점도 한몫했다.

단점

1) 휴대폰을 놓을 수가 없다.

2) 돌발 상황이 생길 수 있다.

3) 평점이 좋지 않으면 기분이 나쁘다.

4) 노동 소득이다.

1) - 크게 신경 쓸 것은 없지만, 작게 신경 써야 하는 부분은 많다. 필자는 에어비앤비 예약을 받을 때 게스트를 선별해서 받으려고 예약 요청 시 승인 후에 예약이 되도록 설정했다. 게스트의 숙박 목적을 보고 내가 운영하는 숙소의 목적과 일치할 때 예약을 받고 있다. 이런 경우 게스트가 문의했을 때 바로 호스트의 답장이 오지 않는다면 다른 예약을 찾아가기 때문에 빠른 응답률은 호스트의 필수 항목이다.

2) - 가끔 숙소에서 이슈가 생길 수 있다. 예를 들면, 가족끼리 찾아왔는데 아이가 갑자기 아픈 경우가 있다. 그러나 게스트의 경우 지역에 대한 정보를 잘 모르기 때문에 의료시설 정보를 찾는 데 시간이 오래 걸린다. 이런 상황을 대비해 비상 연락망과 의료시설 영업시간, 위치, 연락처를 꼭 정리해놓아야 한다.

그리고 비품이 파손된다든지, 갑자기 문이 열리지 않는다든지 작은 이슈들이 발생할 수 있기에 숙소 근처에 있지 않다고 하더라도 꼭 게스트의 연락에는 민감하게 받아들여야 한다. 게스트들은 비상 상황 발생 시 가장 먼저 떠올리는 것은 누구보다도 호스트이기 때문이다.

3) - 똑같은 숙소를 사용하는데 게스트별로 평가는 천차만별이다. 필자는 숙소에 TV를 놔두지 않는다. 이 때문에 TV가 없음을 주의사항에 몇 번 강조해 명시해놓았는데도 확인 없이 예약하고 평가에 반영한다. 물론 숙소의 금액도 이런 부분이 다 반영되어 있는데도 불구하고 평가에는 절대적이다. 게스트의 평가가 다음 예약에 큰 영향을 미칠 수 있기 때문에 게스트가 불만이 생길 요소들은 초기에 비용을 들여서 아예 원천 봉쇄하는 것이 좋다.

4) - 숙소를 여러 개 운영하는 경우 청소하는 인원을 따로 두면 괜찮지만, 숙소를 하나, 두 개 운영하는데 청소 외주를 맡기기가 쉽지 않다. 사람을 따로 쓴다면 수익률에 아주 큰 영향을 미치기 때문이다. 게다가 매일같이 예약이 들어오지 않는 일반 주거지의 경우는 청소를 호스트가 직접 할 수밖에 없다. 가끔 게스트가 숙소를 엉망으로 만들고 간 날에는 청소 시간이 꽤 오래 걸리기도 하는데, 이럴 때는 에어비앤비가 노동 소득이라는 것을 절실히 느끼고 있다.

하지만 반대로 내가 회사에서 들어가는 시간 대비 받는 급여를 생각해본다면, 청소하는 시간 대비 수익은 아주 크게 다가올 것이다. 언제나 느끼지만 돈 벌기는 절대 쉽지가 않다. 참고로 필자는 숙소 두 개를 운영하면서 숙소당 순수익으로 월 30~90만 원 정도의 부가 수입을 발생시켰다. 물론 이 금액은 지역별·위치별·임대차 금액별 순수익률이 크게 달라질 수 있으니 단순 참고용으로만 생각했으면 좋겠다.

에어비앤비는 은퇴 후 수익 사업으로 더욱 매력적이다

에어비앤비를 2년 정도 운영을 하면서 느낀 점은 에어비앤비라고 하는 플랫폼은 젊은 세대들보다 노년을 준비하는 분들에게 적합하다고 생각한다. 하지만 (숙소로 활용하기) 좋은 입지와 좋은 주택을 보유하고 있는데도 불구하고 정보의 부족으로 아예 시작을 못 하는 경우가 상당히 많이 있기 때문이다.

실제로 은퇴하고 에어비앤비 사업을 한다면 수익적인 부분뿐 아니라 가족들과 자연스럽게 소통할 기회가 더 열리게 된다. 예약을 받는 것과 홍보는 자식들이 하고, 실제 관리는 부모님이 하면 어떨까? 실제 이렇게 분업해 운영하는 사람들이 있으며 자식들은 관리하는 숙소를 위해 더욱 부모님을 자주 연락하고 자주 찾아간다고 한다. 부동산과 관련된 투자는 가족들과 함께하는 것이라는 것을 실감하면서 가족들과 새로운 사업을 시작해보도록 하자.

물론 세금적인 부분으로, 법률적인 부분으로, 수익적인 부분으로 다양한 걱정이 많겠지만, 일단 시작하고 예약을 늘리는 방안을 고민해보길 추천하고 싶다.

에어비앤비 사업을 위한 사업자 등록은 내가 영업하고자 하는 주택이 문제없이 서비스할 수 있는지 각 지역 시·군·구청에 민원실에 담당 부서를 문의해 다시 한 번 조건을 확인하고 진행해보길 추천한다.

에어비앤비 실전 투자법, 투자자는 주택의 코디네이터

그럼 지방의 에어비앤비와 경매를 조합해 어떻게 시너지를 낼 수 있는지 예시로 들어보도록 하겠다. 잘 고민하면 부모님께 노후 사업을 선물할 수 있을 것이니 집중해서 읽어보도록 하자.

에어비앤비에서 흔히 볼 수 있는 숙소다.

왼쪽 사진은 예전 에어비앤비 게스트로 숙소를 예약했던 곳인데, 호스트의 전략이 너무나 좋았기에 사례를 들어보도록 하겠다.

숙소는 전라북도 한 지역에 위치한 주택으로, (숙박) 가격이 굉장히 저렴한데 집 상태가 훌륭하다 보니 만족도가 아주 높았다. 물론 지리적인 위치나 주택의 외형이 좋지는 않았지만, 많은 사람이 가성비를 보고 높은 평점을 주었던 것이다.

2019년도 7월 기준 평점이 204개가 주어져 있으니 한 명당 3만 원으로 가정(주말, 성수기, 인원 추가 시 추가의 요금이 발생한다)해 현재까지 벌어들인 수익은 약 600만 원이 넘는 것으로 예상된다.

수익 : 3만 원 x 204 = 6,120,000원

하지만 이것뿐이었을까? 많은 게스트가 숙소에 평점을 잘 남기지 않는다는 것을 가정한다면 최소 두 배 이상의 게스트들이 이 숙소를 다녀갔다고 유추할 수 있다. 필자의 생각이 맞는다면 최소 1,000만 원 이상의 소득을 얻어낸 숙소다.

그럼 이 금액은 수익률로 보면 어느 정도 되는 수치일까? 궁금한 마음에 숙소 정보를 찾아보던 도중 해당 숙소는 호스트가 경매로 취득을 한 것이라는 것을 알게 되었다.

		전라북도		25,100,000	낙찰
	아파트	[대지권 24.65㎡, 건물 29.25㎡]		17,570,000	(70%)
				22,130,000	(88%)
		전라북도		24,900,000	낙찰
	아파트	[대지권 24.65㎡, 건물 29.25㎡]		17,430,000	(70%)
				22,130,000	(89%)
		전라북도		41,000,000	낙찰
	아파트	[대지권 24.65㎡, 건물 29.25㎡]		20,992,000	(51%)
				23,200,000	(57%)

위 사건 중 하나가 에어비앤비 숙소인데 금액대가 2,200~2,300만 원대다.

주택의 가격만 놓고 본다면 경매로 낙찰받은 지 3년도 되지 않았지만 벌써 투자금의 절반을 회수했을 것 같다. 주택의 가격을 보고 (너무 싸서) 조금 놀랄 수 있겠지만, 지방에선 이런 주택들을 종종 찾을 수 있다.

그런데 보면 싼 이유가 다 있다.

1) 외지고
2) 오래되고

3) 나홀로 주택에

4) 엘리베이터 없는 저층 아파트

누구나 좋아하지 않는 주택의 흠결 4요소를 다 갖추고 있다. 일반적으로 이런 주택은 특별한 사연이 있거나 월세 투자용으로 말곤 잘 낙찰받지 않는다. 이 때문에 주택의 목적을 한정 지어 투자를 꺼리는 유형이다. 하지만 투자자가 적합하게 꾸며주면 2,000만 원짜리 주택도 화려한 변신을 할 수 있다. 이 때문에 투자자를 '주택의 코디네이터'라고 불러주고 싶다.

다음은 앞의 숙소에 숙박하면서 더리치 카페에 남겼던 후기다.

처음으로 에어비앤비 숙소를 이용해봤네요 ～ ㅎㅎ
물론 제가 운영하는 숙소가 더 좋습니다～ ㅋㅋ
이분도 보니깐 경매로 낙찰받은 후, 셀프 수리를 통해 에어비앤비로 쓰는 것 같네요. 화장실도 직접 작업한 것 같은 느낌이 납니다. 투자자분을 직접 만나보고 싶네요.

해당 숙소는 투자자의 손길로 주택의 숨겨져 있는 가치가 드러나게 되었다.

Part 5. 투자의 집중도를 높이기 위한 부동산 생존 전략

1) 경매

2) 에어비앤비

3) 셀프인테리어

　세 가지의 구성요소가 적절하게 어우러져 집주인에게 우수한 현금 흐름을 만들어낸 것이다. 하지만 전혀 부러워할 필요는 없다. 내가 이렇게 투자를 하면 되는 것 아닌가? 우수한 타 사례를 분석해 선물해줄 가족들을 찾아보도록 하자.

에어비앤비를 하면서 발생했던 돌발 상황들

1. 도어락 배터리가 떨어져서 문이 열리지 않는다. 평소 경고등이 울리지 않았는데 갑작스럽게 배터리가 다 된 것이다.

이 경우 당황하지 말고 9v배터리를 구입해 위 사진의 위치에 배터리를 접촉 후 비밀번호를 입력하면 도어락이 정상 작동한다.

도어락은 휴대용 배터리로 긴급 전원 공급이 가능하다.

2. 임차인이 휴대폰을 변기 위에 올려놨다가 손을 잘못 짚으면서 변기가 깨졌다.

이 경우 손님이 다친 부분이 없는지 다시 한 번 확인해보고 변상을 받을까 했지만, 그다음 날 개인 비용으로 그냥 처리했다.

3. 갑작스럽게 예약한 인원이 변경(추가)되어 비품 수량이 잘못 비치되었고 게스트로부터 연락을 받았다. 이때 비품함을 숙소 내에 따로 만들어놓았기에 직접 비품함을 열어서 추가로 사용하도록 가이드했다.

투자금이 전부 소진됐을 때
할 수 있는 최선의 발버둥

멈추지 않고 진행한 부동산 투자, 결국 얼마 있지 않던 투자금이 모두 소진되었고 나에게도 잠시 주춤한 시간이 찾아왔다. 투자금이 없다보니 공부에 집중이 되지 않았고, 경매 물건도 찾아보지 않게 된 것이다. 엎친 데 덮친 격으로 회사에서는 단기 프로젝트가 시작되어 회사 업무까지 중과되었다.

그렇게 조금씩 부동산과 멀어지기 시작했다.

빠지지 않고 참석하던 부동산 정규 강의(투자 실전반)는 결석하는 비율이 높아지게 되었고, 서울역까지 올라가서 공부하는 것보다도 동네 산책을 하거나 와이프 코몽이와 놀러 다니는 것이 더 즐거워졌다.

정말 부동산 투자란 이런 것 같다. 한두 푼만 가지고 투자할 수 있는 것이 아니다 보니 투자금을 모두 소진한다면 투자에 대한 흥미를 잃고 부동산 공부까지 등한시하기 때문이다.

필자는 부동산 공부를 시작하고 몇 년이 되지 않아 부동산 투자의 세계에서 떨어져나가는 사람들을 많이 목격했다. 투자금의 문제든, 가족의 반대든 결국 한번 발을 뗀 투자는 다시 돌아오기가 쉽지 않다. 부동산으로 인해 신경 쓸 일도 없고 아늑한 가족과 일상의 품으로 돌아가게 되는 것이다.

그렇게 퇴근 후, 코몽이와 산책하면서 인형 뽑기 기계가 눈에 들어왔다.

부몽 : 한 판만 하고 갈까?

코몽이 : 안 돼. 집에 인형도 많잖아. 돈 낭비야.

부몽 : 그래도 저렇게 귀여운 인형이 있는데? 얘는 집에 있는 애들과 다른 매력이 있어. 딱 5,000원어치만 할 게.

코몽이 : 지난번에도 그렇게 해서 나한테 만 원 더 뜯어갔잖아. 또 돈만 날리려고. 안 돼!

틀린 말이 아니기에 할 말이 없었다. 집에는 뽑기 기계에서 뽑아낸 인형이 십여 개가 있었고 현관문과 가까운 전시장에 자리를 꽤나 차지하고 있었기 때문이다.

Part 5. 투자의 집중도를 높이기 위한 부동산 생존 전략

코몽이가 원룸에 혼자 살 때 내가 선물해준 뽑기 인형. 그중 일부는 코몽이 돈으로 뽑기를 했다.

부몽 : 인형 뽑기 기계 사장님은 진짜 좋겠다. 나 같은 사람들이 돈 많이 벌게 해줄 거 아냐.

코몽이 : 그러니깐 적당히 해! 다 돈 낭비야.

막상 선물해주면 좋아하면서 소비는 못 하도록 막는다. 그렇게 대화를 나누고 있었는데 문득 떠오른 것이 있었다. 필자가 살고 있는 곳 바로 앞에 초등학교가 있는데 초등학생들이 매일 단지 내 상가에 위치한 문방구에 와서 장난감을 뽑아가던 기억이 났다.

부몽 : 인형 뽑기 기계 내가 한번 운영해볼까?

코몽이 : 뽑기 기계는 아무나 하나? 관리는 누가하고. 돈은 또 누가 바꿔주는데… 쉽지 않을 것 같은데?

그렇게 집에 돌아와서 머리를 계속 굴리는데 늦은 시간이 지나도록 잠이 오지 않았다. 주변 상황으로 봤을 때 충분히 가능성 있어 보였기 때문이다. 그렇게 고민하다가 그다음 날, 뽑기 기계에 대한 정보 검색 해보았다. 나와 같이 사업 시작에 관심 있는 사람이 많이 보였지만, 정작 질문에 대한 답변을 찾기가 쉽지 않았다. 그렇게 인터넷 주소를 타고 이동하다 보니 '중고나라(인터넷 중고 물품 거래 사이트)' 네이버 카페에 이르게 되었다.

중고 뽑기 기계 팝니다.

605113366	미니헌터 인형뽑기기계 25만원에 구해봅니다. [완료] ☺
605106885	유압작두복합식팝니다. [판매] ☺ [1]
605081913	국산 절단석 도매가 4인치,5인치 1장 550원 택배비 무료 [판매] [안전] ☺
605071292	인형뽑기방기계 토이즈팝 토이팝 코코팡 선물함 관물대 삽니다, 서울경기권 샵 인수합니다. [판매] ☺
604920350	[공식앱][아우토반 맘모스 인형뽑기 기계 판매합니다.][390,000원]
604920170	[공식앱][아우토반 맘모스 인형뽑기 기계 판매합니다.][440,000원]
604915093	스위트 캔디 크레인 기계 인형뽑기 장난감 새상품 택포 2만 [판매] ☺
604914396	인형뽑기 [판매] ☺

지금도 중고나라 카페엔 뽑기 기계 판매 글이 상당히 많다.

궁금한 마음에 판매 글을 보고 전화해보았다.

부몽 : 안녕하세요. 뽑기 기계 중고 판매 글을 보고 연락드렸습니다. 뽑기 기계 하나를 설치해서 운영을 하고 싶은데, 기계를 다룰 수 있는 것도 아니고 어떻게 해야 할지 감을 못 잡겠습니다.

그렇게 기계를 구매하기로 하고 진행하는 방법들에 대해서 어느 정도 가이드를 받을 수 있었다.

이야기를 듣고 이거다 싶었다. 이제 자리만 정하고 상가 임차인과 협의만 하면 되는 것이기 때문에 퇴근하고 이곳저곳을 돌아보았다. 하지만 대부분 상가의 경우, 협소한 상가의 일부 공간을 내어주지 않는 경우가 대부분이다. 그렇게 쉽사리 장소를 구하지 못하던 중, 실거주 아파트 거래를 하고 친분이 깊었던 부동산 소장님과 대화를 나누다가 남는 공간에 자리를 하나 마련해주기로 했다.

※ 참고로 인형 뽑기 기계도 그냥 무작정 운영하면 안 된다. 뽑기 기계 운영 관련 법안이 따로 있고 시기별로 다르기 때문에 이와 관련된 내용을 확실히 알고서 운영을 시작하자.

초등학생들의 뽑통령, 뽑기 기계 사장님으로 불리다

부동산 소장님께 사정을 잘 말씀드리니 흔쾌히 도와주시겠다고 했고, 이때부터 인형 뽑기 기계 사장님이 되었다.

90만 원을 들여서 시작했던 뽑기 기계 투자. 중고 판매업자가 인형을 꼭 채워주고 기계 배송 및 설치까지 해주었다. 현 상황에서는 내가 선택할 수 있는 유일한 투자처였고 새로운 것을 처음 도전해본다는 것이 너무나 즐거웠다.

그렇게 인형 뽑기 사업을 시작한 지 얼마 되지 않았는데 초반에 장사가 생각보다 잘됐다. 부동산 소장님께 죄송한 생각이 들 정도로 아이들이 기계로 몰려들었다. 새로운 놀이터가 생겼다는 것만으로도 아이들은 즐거워했으나, 한편으로는 걱정거리가 늘어나게 되었다.

그렇게 어느 날 뽑기 기계에 인형을 채워 넣고 있었는데, 어떤 아주머니가 나에게 짜증이 강하게 섞인 말투로 쏘아붙인다.

"사장님, 지금 이곳에 기계를 설치하고 아이들이 자꾸 우리 집으로 오잖아요. 잔돈 기계를 설치하든지 우리 집으로 바꾸러 오게 하지 말아 해주세요."

엥? 이게 웬 날벼락. 알고 봤더니 같은 상가에 있던 문방구 사장님이었고, 부동산 소장님께 문의해봤더니 본인이 상가 안에 인형 뽑기 기계를 놓으려 했었는데 내가 선수를 치니 화가 났던 것이라고 한다.

어느 정도 이해가 되기도 하지만 기분은 좋지 않았다. 문방구에 가서 잔돈을 바꾸는 아이들은 가게에서 구매했던 습관으로 찾아갔던 것일 텐데, 그 아이들에 대한 고마움은 전혀 없나 보다.

인형 뽑기 기계를 관리하다 보니 아이들과 마주치는 일도 좀 있었는데 필자를 사장님이라고 부른다. 아이들이 사장님이라고 부르니 기분이 좀 이상하면서도 새로운 직업이 생긴 것 같은 느낌도 들고 아이들에게 책임감도 들었다. 고마운 마음에 인형을 채울 때 마주치는 아이들은 무료 뽑기 이벤트를 진행하기도 했었다. 그때마다 아이들은 기쁨의 소리를 질렀고, 얼굴을 기억하는 아이들은 길거리에서 나를 알아보며 뽑기 사장님이라고 인사하는 아이들도 생기기 시작했다.

또한 인형의 경우는 아이들이 자주 뽑아야 더 찾아올 것이라는 생각을 갖고 있었기에 쉽사리 뽑히도록 인형을 중간 중간 다시 배치해놓기도 했다.

5,000원짜리 모형 CCTV의 위력

그렇게 인형 뽑기 기계 돈을 수거를 하면서 엄청난 행복을 느꼈다. 자기 전 일과는 언제나 돈을 세면서 하루의 수익을 정리하는 일이었다.

옛날에 장사를 새로 시작하는 사람들한테 선물하는 화환 단골 멘트

부동산 사업 소득에 비하면 정말 적은 금액이지만 몹시 행복했다.

는 '돈 세다 잠드소서'였다고 한다. 비록 자영업과는 다르게 소액에 불과하지만, 그 즐거움이 어떨지 간접적으로 상상해볼 수 있는 시간이었다.

그런데, 장사가 잘되다 보니 기계의 결함이 계속 발생하기 시작했다. 자체적인 문제보다도 아이들이 뽑기 기계 안에 이물질을 계속 집어넣었기 때문에 기계가 고장이 나기 시작했다.

필자 또한 어릴 적 기억을 생각해보니 이런 기계들은 아이들의 공격 타깃이 되기 충분했다. 기계가 어떻게 생겨먹었는지도 모르는데, 끼어 있는 이물질을 빼느라 곤욕을 치렀다. 문제는 고장이 나 있는 시간 동안에는 장사할 수 없다는 것이 가장 큰 타격으로 왔다.

그러던 어느 날, 부동산 소장님으로부터 연락이 왔다.

소장님 : 지금 어떤 아이가 돈 만 원을 먹었다고 그러네? 그냥 돌려주기엔 아무리 봐도 이상해서 일단 세워놓고 이야기하고 있어.
부몽 : 잠시 바꿔주실 수 있으세요?

그 아이와 이야기를 나눠보니 어찌나 당당한지 모르겠다. 횡설수설을 하면서도 계속 돈을 내놓으라고 한다. 그러면 돈은 이따 저녁에 부모님을 직접 만나서 드린다고 하니 자꾸 안 된다고 한다. 나중에는 3,000원이라도 달라고 하도 졸라서 소장님께 3,000원 넣어주고 몇 판 하게끔 해주라고 말씀을 드렸다.

역시나 퇴근하고 뽑기 기계를 확인해봤더니 만 원짜리 지폐는 들어 있지 않았다. 즉, 만 원을 얻기 위해 부동산 소장님에게 거짓말을 한 것이었다. 이와 같은 일이 더 이상 생기는 것을 막기 위해 모형 CCTV를 달기로 했다.

롯데마트에서 5,000원을 주고 구매한 모형 CCTV 효과는 대단했다. 이런 것으로 거짓말하거나 이물질을 집어넣는 경우는 대부분 어린아이일 것으로 판단해 모형 CCTV라도 설치해놓으면 범죄율을 낮출 수 있지 않을까 생각했다.

재밌는 것은 그렇게 자주 고장 나던 인형 뽑기 기계가 그 뒤로 한 번도 고장 난 적이 없었고, 돈을 먹는 일도 없었다.

이 작은 기계 하나 관리하는 것도 이렇게 손이 많이 가고 신경이 많이 쓰이는데, 자기 사업을 하는 분들은 어떨까 싶은 생각이 들었다. 그러던 중에 실거주를 동탄으로 옮기게 되니 기계 관리가 쉽지 않게 되자 수익이 점점 줄어들게 되었고 아이들의 관심에도 멀어졌다. 결국 중고 물품 거래 사이트에서 한 개인에게 처분하게 되었다.

부봉 : 사장님, 이거 왜 사시는 거예요?

매수자 : 집 거실에 놓고 손님들 오면 한판씩 시켜주려고요.

결국 누군가는 구매할(되팔 수 있는) 사람이 있다는 것이다.

뽑기 기계 운영 수익표

구분	월 수익
12월 (뽑기기계 구매)	693,000 –
1월	432,000 +
2월	471,000 +
3월	259,100 +
4월	287,500 +
5월	207,400 +
6월	104,500 +
7월 (뽑기기계 판매)	392,500 +
합계	₩1,551,000

아파트 월세 수익은 정리를 안 하지만, 뽑기 기계는 쏠쏠한 즐거움으로 꺼낼 때마다 수익을 기록했었다.

90만 원의 초기 투자금으로 7~8개월 운영하면서 월간 20만 원정도 수익이 났다. 처음 몇 달 동안에는 장사가 너무 잘돼 사업을 확장하고 싶은 마음이 강하게 들었지만 나중에 이사하면서 하나만 관리하길 잘했다는 생각이 들었다. 물론 이렇게 벌어들인 돈이 부동산 재투자를 할 만큼 크지는 않았지만, 필자의 머릿속에 소액 사업이라는 도전 정신을 안겨주었다.

길거리 위에 있는 장난감 뽑기 기계. 길거리를 다니면서 관심이 없어서 보이지 않았던 것들이 하나둘 보이기 시작했다. 용감하게 부동산 투자를 하다 보니 다른 것들에 대한 진입 장벽이 몹시 낮아졌다.

도전하자!

부동산 투자를 시작하면 무엇이든 실패 이상의 결과를 얻을 수 있을 것이다.

소매를 위해
유체동산 경매 낙찰 물건을 매수하다

경매 새싹반 동기인 아이언맨님이 어린이용 목도리를 대량으로 유체동산 경매로 낙찰을 받았다는 얘기를 듣고 나도 한번 소매로 팔아볼까 고민해보았다.

유체동산 경매란?

냉장고·텔레비전·가구 기타 비품 등 실체가 있는 동산을 법원에서 압류해 경매로 강제 매각하는 절차다. 일반 부동산 경매가 기일 입찰제로 진행되는 반면, 유체동산 매각은 미술품 경매와 같이 현장에서 가장 높은 가격을 부르는 호가 경매로 진행이 된다.

그렇게 아이언맨님에게 접선했고 내년 상반기 여행비를 마련해보자는 생각과 함께 리스크가 적은 수준에서 600개 정도 매입하게 되었다. 먼저 매각 방식에 대해 고민해보았다.

1) 도매처를 찾아서 대량 매도해 수익률 관점으로 진행
2) 소매를 경험하며 절대 수익금 관점으로 진행

물론 개인 시간을 아끼기 위해서는 1번을 선택하는 것이 맞다고 생각이 되었지만 그래도 한번 소매업도 해보고 싶다는 생각으로 2번을 진행하기로 결정했다.

가격, 판매 전략 등 아무것도 준비되지 않았지만 일단 시작하면 답이 보일 것이라는 생각을 하게 되었다.

그렇게 아이언맨님에게 전달받은 상품을 챙겨서 돌아가는데 600개라고 하는 물건이 너무 많아 보였다. 큰 박스로 다섯 개나 되었는데 기세 좋게 매입했지만 막상 판매를 시작하기 전, 큰 부담감이 느껴졌다.

'그래. 뭐 별것 있겠어?' 지금까지 부동산 투자를 하면서 많은 일들이 있었기에 이런 일들은 정말 작은 일에 불과하다는 생각이 들었다.

일단 마음을 다잡고 코몽이에게 (판매를 하러) 한번 같이 다녀오자고 물었다. 그런데 코몽이의 표정이 너무나 어두웠다. 지금까지 본 적이 없던 그늘진 표정. 필자가 부동산 투자를 하기 전 크리스마스 날 코

몽이와 함께 폴라로이드 사진 촬영 부업을 하자고 했다가 크게 혼났던 기억이 떠올랐다.

　　코몽이 : 문신 있는 사람들이 찾아와서 자릿세를 내라고 하면 어떡하지?
　　코몽이 : 근처 상가분들을 자극하는 영업이 되지 않을까?

　　옆에서 따라오면서 나에게 질문을 하는 코몽이를 보니 완전 울상이다. 억지로 끌려가는 표정인데 이번 진행은 과욕이었나 싶은 생각이 들면서 다음에는 혼자 길을 나서야겠다고 생각을 했다.

그래도 부동산 투자가 낫더라

　　코몽이에게 목도리를 담아줄 검정색 비닐을 사달라고 이야기하고 판매 목적지에 도착해 자리를 펴기 시작했다. 생각보다 길거리의 소매상들이 보이지가 않았기 때문에 더욱 불안한 느낌이 가득했다.
　　같은 아파트에 살고 있는 카페 회원 걷는다님에게 빌려온 캠핑 테이블을 펴고 대충 자리를 깔았다. 원래 부끄러움을 잘 타는 성격은 아닌데 이상하게 살짝 부끄러운 마음이 들어 얼굴을 들지를 못했다. 바닥만을 쳐다보며 조용히 자리를 정리하게 되었다.

그 후, 코몽이가 검정 비닐을 사서 오게 되었고 소심한 소리로 사람들을 불러보았지만 아무도 쳐다보지 않았다. 20분 정도 시간이 지났을까? 첫 손님이 찾아왔다. 이것저것 살펴보다가 한 번에 두 개를 사 주었는데 그렇게 고마울 수가 없었다. 첫 구매를 감사드린다고 90도 폴더 인사를 드렸는데 시간이 좀 지나니 긴장감도 사라지고 어느 정도 안심이 되기 시작했다.

그리고 띄엄띄엄 손님이 찾아왔지만, 관심 자체를 갖지 않는 경우가 대부분이다. 아무리 불러도 쳐다보지 않는 사람들.

일단 사람들이 물품을 보고 반응을 보여야 무엇이 문제인지 판단을 할 수 있을 텐데 어떻게 진행해야 할지 고민이 되었다. 중간 중간 근처에 살고 있는 카페 회원들이 찾아주어 힘도 나긴 했지만, 옆에서 저녁도 챙겨 먹지 못하고 함께 있는 코몽이를 보니 미안한 생각이 가득했다.

만약 이게 본업이라고 생각하면 세상살이가 쉽지 않을 것 같은 느낌이 들었다. 그렇게 3시간이 조금 넘는 시간 동안 장사를 진행했고, 5,000원짜리 상품 열두 개가 팔렸다. 참고로 그중에 네 개는 동탄에 거주하는 카페 회원인 걷는다님이 구매해주신 것이기 때문에 실제 판매는 여덟 개에 불과했다.

여기저기 쫓겨다니면서
자리를 잡을 수 있었다.

　첫 좌판을 실패하고 그 뒤로 몇 군데에서 판매를 시도해보았다. 자리를 펴자마자 상가 주인에게 사정사정하기도 했고, 시장 근처에서 판매하다가 주변 노점 상인들에게 텃새를 받으면서 쫓겨났던 일도 있었다. 오랫동안 서 있으니 다리도 아프고 짐을 챙겨다니는 것도 일이라는 생각과 함께 역시 부동산을 통한 소득이 훨씬 좋다는 생각을 백 번, 천 번 갖게 되었다. 결국 판매 전략을 전환할 수밖에 없었다.

소매를 버리고 도매로 전략을 전환하다

소매로 해서는 백날이 걸릴 것이라는 생각이 들어서 업체를 연결해야겠다고 생각했다. 12월이 슬슬 다가오고 있었는데 크리스마스가 오기 전, 선물을 준비하는 업체들이 있을 것이고 그 업체를 연결하면 어떨까 생각했다.

출퇴근하는 운전 시간은 언제나 고뇌의 시간이었다. 벌여놓은 일들을 어떻게 처리할 것인가를 생각할 땐 새벽같이 일어나도 피곤함도 느껴지지 않았다.

그렇게 추려놓은 유치원, 어린이집, 교회, 학원, 시청 등 여러 곳에 판매를 위해 전화를 돌렸으나 대부분 정해진 업체가 있다는 답변을 들었다. 그중 몇 개의 업체는 검토해본다고 했으나 성공적인 결과를 얻어내기가 쉽지 않았다. 이런 곳들은 사실 직접 찾아가서 실물을 보여줘야 조금 더 판단이 쉬울 수 있는데, 전화와 메일로만 주고받으니 선택을 받기가 어려운 것이었다. 그렇다고 몇천 원짜리 목도리를 팔기 위해 직접 업체로 영업을 가야 하나 생각하니, 그 정도까지는 마음이 다급하지는 않았다.

그런데 기적이 일어났다. 인터넷 중고 거래 카페에 올려놓았던 게시글을 보고 누군가가 연락을 준 것이었다.

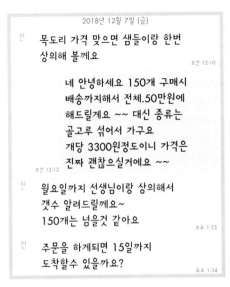

2018년 12월 7일 (금)

천 목도리 가격 맞으면 샘들이랑 한번
상의해 볼게요
오전 12:10

네 안녕하세요 150개 구매시
배송까지해서 전체.50만원에
해드릴게요 ~~ 대신 종류는
골고루 섞어서 가구요
개당 3300원정도이니 가격은
진짜 괜찮으실거에요 ~~
오전 12:12

천 월요일까지 선생님이랑 상의해서
갯수 알려드릴게요~
150개는 넘을것 같아요
오후 1:33

천 주문을 하게되면 15일까지
도착할수 있을까요?
오후 1:34

카페에 올린 홍보글을 통해 주문을 받게 되었다.

학원에서 일하는 선생님이 크리스마스 선물을 준비하기 위해 연락했다는 것이었다. 물량도 최초 구매했던 600개 수량 중 1/4에 해당하는 물품을 한 번에 매각할 수 있는 기회가 찾아온 것이다. 샘플 목도리를 종류별로 직접 전달해주면서 나중에 변심하지 않도록 뽑기 기계 사업에서 남았던 인형을 선물로 함께 전달해주고 왔다.

그런데 잘 흘러가나 싶더니, 10개 디자인 중 몇 개는 제외하고 구매를 하고 싶다는 것이었다. 소비자의 입장으로 생각하면 당연하긴 한데, 문제는 목도리를 종류별로 분산해서 물량을 보유하고 있었는데 특정 디자인만 선택한다면 나중에 남은 애들은 판매가 어려워질 수 있기 때문이다. 그 때문에 도매의 경우 섞어서 판매하려고 했던 것인데 (필자가 볼 때) 못난이라 생각한 목도리들이 선택받지 못했다.

결국 매수자와 협상해서 개수는 120으로 줄이는 대신에 어느 정도 골고루 섞어서 매도하게 되었다. 그렇게 하나둘 신경 쓰다 보니 제법 물량을 팔 수 있게 되었고 약 270개 정도의 목도리가 남게 되었다. 나머지는 별수 있나, 2019년으로 이월해 올겨울에 새로운 주인을 기다리고 있다.

일반 목도리에 전문가의 손길이 닿으니 가치가 올라갔다.

더리치 카페 회원들도 목도리를 구매해 주었는데, 그중 고래고래님이 아이 친구들 크리스마스 선물로 포장했다는 사진이다. 그냥 낱개로 팔던 목도리와는 품질 자체가 달라져버렸다. 그것도 엄청 고급스럽고 예쁜 느낌으로 말이다. 작년에 다 팔지 못했던 목도리는 올해 겨울, 포장해 마무리를 지어야겠다는 생각을 강하게 갖게 되었다.

부동산 생태계에서
생존하기 위한 전략

투자를 잠시 멈추면 생계형 업무에 우선순위를 높이기 때문에 결국 투자를 도외시하는 경우가 많아진다. 그럼 부동산 투자의 생태계 속에서 계속해서 남아 있기 위해서는 무엇을 하는 것이 좋을지 나만의 생각을 마지막으로 정리 요약해보겠다.

첫째, 특강 위주의 강의를 계속 듣는다.

정규 강좌의 경우 특정한 목적이 없다면, 연속적인 강의 수강에 부담을 느껴지는 경우가 많다. 투자금이 없는 상태라면 투자한 시간·금액 대비 효과성이 떨어질 수 있다.

하지만 단기 특강·공개 강의의 경우 내용도 금액으로나, 시간으로

나 큰 부담이 없이 투자에 대해 리마인드를 할 수 있는 시간이 될 수 있다. 몇 년 동안 투자를 진행하다 보니 강의 수강도 일반 부동산 공부와 같이 습관이 되어야 한다는 것을 많이 느끼고 있다. 필자의 경우는 직접적인 투자가 어렵기 때문에 부모님에게도 도움이 될 수 있는 부동산 강의도 많이 수강하고 있다. 특히, 요즘 투자자들이 많이 관심 있는 '농지 연금'을 통해 부모님에게 노후 자산을 만들어드리고 싶은 꿈을 가지고 있다.

농지 연금이란?

주택 연금과 같이, 보유한 농지(논, 밭, 과수원)를 가지고 매 월 고정적으로 연금 수령이 가능하다. 특히, 경매를 통해 농지를 저렴하게 낙찰받을 경우 농지 연금의 효과는 배가되는데, 아래와 같은 경우 3억 원 정도로 낙찰받았으나 감정된 금액(약 9억 원)으로 연금을 수령받을 수 있다.

경매로 농지를 낙찰받아서 농지연금을 받는다면 낙찰가가 아닌 감정가를 기준으로 연금을 수령할 수 있다. 이 때문에 주택연금보다 농지연금에 대한 관심이 더 커지고 있다.

둘째, 부동산의 다른 영역을 공부한다.

부동산을 공부하면서 정말 다양한 영역이 존재한다는 것을 알게 된다. 일반 매매·경매 낙찰 후 임대 등 우리가 집중하는 부분은 투자자라면 꼭 거쳐가야 하는 항목이라고 생각하지만, 모두가 이 영역에 대해서 전문가가 될 필요는 없다고 생각한다.

부동산에는 다양한 영역이 많이 있으니 꼭, 이것만 파지 않아도 된다는 말이다. 물론 너무 문어발 관심을 보이다 보면 아무것도 되지 않을 수 있기 때문에 하나의 집중 투자 영역을 정한 후, 다양한 전략을 세우는 것도 좋은 방법이 될 수도 있다.

이렇게 새로운 방식을 알아가다 보면 주춤해진 부동산 투자에 대한 활기를 찾을 수 있다. 이를 위해선 투자 커뮤니티의 인적 네트워크는 필수다. 필자의 경우도 활동하고 있는 카페에 다양한 분야의 전문가들이 많이 있어 그분들의 지식을 잘 활용하고 있다.

셋째, 투자금을 벌기 위한 다른 일들을 진행한다.

투자금이 없으면 투자금을 만드는 일들을 해봤으면 좋겠다. 주변 분들을 잘 활용하면 생각보다 다양한 방식으로 수익 사업을 할 수 있다. 위에서 정리해보았던 에어비앤비, 뽑기 기계 운영과, 목도리 판매 사업도 이런 일환이었다.

물론 지금도 투자금이 없다 보니 어떻게 투자금을 만들 수 있을지 계속해서 고민 중이기에 다양한 소액 사업들을 시도해보고 있다. 하지만 이게 생존을 위한 수단으로 변질되어 주가 되면 안 된다. 자본 소득이 메인이 되어야 하는데, 수익을 창출하는 일들은 노동 소득이 대부분이니깐 말이다.

그럼에도 불구하고 이렇게 진입장벽이 높지 않은 새로운 사업을 추천하는 것은 계속해서 긍정의 연결고리가 발생하고 이를 통해 새로운 기회들이 파생된다. 물론 꿈과 이상은 다르기 때문에 한 걸음 나아가는 것이 쉽지는 않겠지만, 하나 진행할 때마다 얻는 쾌감은 정말로 크다.

이 글을 읽고 공부는 많이 했지만 투자를 진행하지 못하고 있는 분들은 다시 한 번 생각해봤으면 좋겠다. 우리가 책을 읽는 이유는 무엇이고, 무엇을 위해 이렇게 공부를 하고 있었던 것인지. 시작의 열정을 떠올리면서 '경제적 자유를 위해, 시간적 자유를 위해' 잠시 힘들 수 있겠지만 몇 년 후 머니파이프를 구축해 위의 모든 자유를 누리는 것을 꿈꾸어보는 것이 필요하다.

지식 나눔을 통해 배움과
자존감이라는 두 마리 토끼를 잡자

2018년도 1분기 '부동산 생존 상식'라는 6주짜리 정규 강좌를 직접 기획해 강의를 진행했다. 경매를 가르쳐준 부동산 멘토인 좌포님의 후광과 더리치라는 보금자리에서 벗어나 독립으로 진행하는 강의였던 만큼 굉장히 긴장됐다. 수강하는 분들의 자산과도 직접적으로 연결될 수 있는 일이기 때문에 강의에 대한 책임감도 몹시 컸다. 당시 하는 일이 많았기에 걱정은 좀 되었지만, 강의 진행에 상당한 매력이 있다는 것을 알고 조금은 무리해서 진행했다.

강의라고 하는 것이 내 지식을 한 방향으로 전달하는 것이 아닌 수강생들과 상호 간 소통을 할 수 있을지 걱정으로 시작하지만, 마침표는 언제나 즐거움과 만족감이었다.

수업을 진행하고 있는
모습. 10명으로 구성된
수업은 소소한 즐거움
이 있었다.

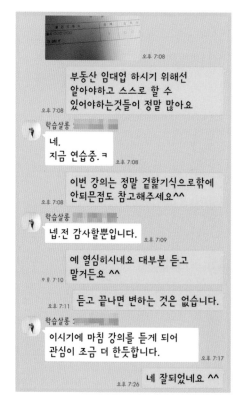

부동산 임대업 하기 위해선
알아야하고 스스로 할 수
있어야하는것들이 정말 많아요

오후 7:08

학습살롱
네.
지금 연습중.ㅋ   오후 7:08

이번 강의는 정말 겉핥기식으로밖에
안되면점도 참고해주세요^^
오후 7:08

학습살롱
넵.전 감사할뿐입니다.   오후 7:09

에 열심히시네요 대부분 듣고
말거든요 ^^
오후 7:10

듣고 끝나면 변하는 것은 없습니다.
오후 7:11

학습살롱
이시기에 마침 강의를 듣게 되어
관심이 조금 더 한듯합니다.
오후 7:17

네 잘되었네요 ^^
오후 7:26

강의 후 감사글은 언제나 기분이 좋다.

이렇게 시작되었던 강의 수강생들은 '부동산'이라는 타이틀만 보고 강의를 신청했기에 투자 경험도 조금씩 있고 연령대들이 어느 정도 있어서 실무적인 질문들도 꽤나 찾아왔다.

질의응답은 강의장뿐 아니라, 온라인상으로도 이어졌다. 물론 모든 질문에 대한 답을 다 잘 알고 있지는 않기 때문에 문의가

오면 살짝 당혹스럽기도 하다. 그렇지만 질문은 언제나 나도 함께 배워간다고 생각하기에 조금 더 알아보고 정리해 답변을 잘 드리게 된다.

부동산 지식 나눔 무료 배달 강의

부동산 경매 공부를 하면서 정말 많은 분들이 자산 손실을 보는 것을 알게 되었고 그때부터 '부동산 자산 지킴이' 역할을 해보고 싶다는 생각을 하게 되었습니다.

위에서 설명했던 '부동산 생존 상식' 강의를 진행하면서 수강생분들이 만족을 하시고 배워가는 모습을 보면서 즐거움도 얻었기에, 부동산 지식이 부족한 개인 분들을 위해 재능 기부차 무료 배달 강의를 시작하게 되었습니다.

이 책을 읽고 있고 도움이 필요한 분들은 아래 내용을 읽고 신청해주신다면, 조건이 맞으면 직접 찾아가 강의를 진행하도록 하겠습니다.

1. 강의 내용 (강의 구성은 강의 시간에 따라 조금씩 달라진다)
- 부동산 사기 유형과 부동산 상식의 필요성
- 등기부등본 열람 방법과 필수 확인사항
- 세입자로 안전하게 사는 방법(전입, 확정일자, 최우선 변제금 등 필수 상식)
- 부동산 거래/일반 법무 상식
- 경매에 넘어갔을 때의(일반적인) 대응 절차 등.

2. 강의 시간
- 평일 야간(퇴근하고 1시간 정도 거리에 갈 수 있는 지역. 협의 필요)

– 주말 오전(협의 필요)

3. 기타 사항

 – 인원 : 10명 이상의 성인 참석자 수강생 (개인 또는 법인 / 학교 등)
 – 요청자 준비 필요 항목 : 강의장, 노트북, 빔프로젝터

4. 신청 방법

 아래의 블로그에 방문 후 이웃을 신청하고, 카페에 가입한 상태에서 블로그 공지사항에 비밀 댓글로 요청

  * 블로그 : blog.naver.com/raewoo84
  * 카페 : cafe.naver.com/ontherich

단, 본 배달 강의는 언제까지 진행할지 기한에 대한 고려는 아직 하지 않고 있으며 상황에 따라 진행을 멈출 수 있다는 것은 참고 부탁드립니다.

경매당한 임차인 돕기 프로젝트

어느 날 필자가 활동하고 있는 더리치 카페에 다급한 게시글이 하나 올라왔다. 살고 있는 주택이 경매에 넘어갔다는 것으로 어떻게 대응해야 할지 몰라서 도움의 글을 요청한 것이다.

더리치 경매 투자 카페에 경매가 당했다는 게시글이 올라왔다.

남 일 같지 않은 게시글에 내용이 너무나 안타까웠고, 부동산 공부를 하면서 많은 분께 지식 나눔을 하겠다는 목표도 있었기에 개인적으로 도움을 드리고 싶어 연락처를 댓글로 남겼다. 그렇게 그 회원과 연락이 되었고 물어보는 내용에 대한 답변을 계속 진행했다. 물론 대화하면서도 조심스럽게 접근했다. 단순 도움을 드리기 위해서 연락했던 것이 자칫 컨설팅과도 같이 생각할 수 있는 것이었고, 정확한 내용을 오픈하지 않은 채 대화가 이루어졌다가는 잘못된 의사결정으로 이어질 수 있었기 때문이다. 이 부분을 확실히 명시했고, 도움을 드리는 대신 내 조건은 딱 하나였다.

카페 후기

경매를 당한 회원과 동일한 일을 겪게 되는 사람들에게 도움이 될 수 있도록 진행되는 큰 절차에 대한 내용을 카페에 후기로 남겨달라고 이야기했다. 경매를 당한 사람 중 일부는 경매 카페로 찾아올 것이기 때문이고, 먼저 경매를 당했던 회원의 후기를 본다면 큰 도움이 될 수 있으리라 생각했기 때문이다. 그 회원 역시 그런 부분은 전혀 문제없다면서, 나중에 바쁜 일이 정리되면 그렇게 하겠다고 답변했다.

사건을 조금 알아보니 지방 임대아파트를 개인 임대업자한테 대량 매도했고, 주택 가격이 계속 하락하자 물건이 결국 단체 경매로 나오게 된 것이었다. 사연을 올린 회원은 경매가 넘어갔다는 사실만으로 큰 불안에 빠져 있었고 걱정하며 질문하는 내용에 대해서 모두 전화와 카톡상으로 실시간 답을 해주었다. 확인 결과 다른 부분은 특이사항이 없었지만, 등기부등본에 압류(동작 세무서)가 되어 있는 건이 조금 신경 쓰였다.

3	소유권이전	2017년3월29일 제35823호	2017년3월7일 매매	소유자 김■■ ■■■■-******* 서울특별시 관악구 ■■ ■■■■ 28(신림동) 거래가액 금90,000,000원
4	2번금지사항등기말소			소유권이전등기로 인하여 2017년3월29일 등기
5	임의경매개시결정	2018년12월26일 제137366호	2018년12월25일 청주지방법원의 임의경매개시결정(■■■■■■)	채권자 천안농업협동조합 161536-0000324 충청남도 천안시 동남구 대흥로 277 (성황동)
6	압류	2019년1월21일 제7543호	2019년1월21일 압류(개인납세2 과-디3279)	권리자 국 처분청 동작세무서

동작세무서 미납 세금건으로 인한 압류

경매 사건 등기부 현황

no.	접수	권리종류	권리자	채권금액
1(갑3)	2017.03.29	소유권	김xx	
2(을5)	2017.03.29	근저당	농협협동조합	38,160,000원
3(을6)	2018.09.17	임차권	윤xx	37,000,000원 전입일 : '13년 10월 30일 확정일 : '13년 10월 30일
4(갑5)	2018.12.26	임의경매	농협협동조합	
5(갑6)	2019.01.21	압류	동작세무서	

　임차인의 전입일자보다 후순위로 압류된 건인데, 일반 세금 압류(조세채권)의 배당 순위는 압류된 날짜가 아닌 법정기일(쉽게 세금이 부과된 날짜) 기준으로 배당 순위가 달라지기 때문에 자칫 잘못하면 배당 순위가 뒤바뀌어 보증금 일부를 손실을 볼 수 있는 상황이었다. 일반적으로 세금을 부과하자마자 바로 압류를 하는 것이 아닌, 꽤 오랜 시간 유예를 두다가 압류하기 때문에 법정 기일을 정확히 확인하는 것이 필요했다.

이를 확인하기 위해 필자가 직접 해당 압류 기관에 문의를 진행했지만, 개인정보로 인한 정확한 답변을 받을 수는 없었다. 하지만 전입일자(13년 10/30)와 압류 날짜(19년 01/21)가 크게 벌어져 있는 상태로, 웬만해서는 전입일자보다 법정기일이 늦을 것이라고 생각되었다. 세금을 안 내고 있는데 일반적으로 5년이라는 시간 동안 조치를 안 하고 있지는 않기 때문이다. 그래도 확실하게 확인이 필요하기 때문에 압류된 세금의 경매 사건의 이해관계자(채무자, 채권자, 세입자 등)들만이 압류한 세무서에서 법정기일과 압류 금액 확인이 가능하다고 답변했다.

임차인이 압류 채권자인 동작세무서에 알아보고 큰 문제가 없다는 것을 확인했다는 답변을 받았고 그 뒤로 꽤 오랜 시간이 지났다. 시간이 지나고 회원으로부터 별다른 연락이 없었기에 혹시나 하는 마음으로 경매 사건번호를 조회해봤다. 알고 봤더니 그 뒤로 경매가 취하된 것이었다.

본 사건은 **경매예정물건**으로 **취하(으)로** 경매절차가 종결되었습니다.					
소 재 지	충청북도			도로명주소검색	
새 주 소	충청북도			지번 주소검색	
물건종별	예정물건	소 유 자	김■■	사건접수일자	2018-12-24
사 건 명	임의경매	채 무 자	김■■	개시결정	2018-12-25
입찰방법	기일입찰	채 권 자	천0000000	배당요구종기일	2019-03-20
관련사건				종국일자	2019-04-15(취하)
참고사항	충청북도 301동 2층216호 충청북도 301동 2층217호 충청북도 301동 3층313호 충청북도 301동 4층406호 충청북도 301동 5층509호 충청북도 301동 6층614호 충청북도 301동 8층807호 충청북도 301동 2층825호 충청북도 301동 10층1007호 충청북도 301동 10층1010호				

나중에 봤더니 경매가 취하되었다.

다행이라는 생각이 들면서도 미리 얘기해줬다면 어땠을까 생각이 든다. 기다리면서 다음 대응 절차에 대해서도 고민이 있었는데 막상 아쉬움이 남는다. 개인 사정이 있었을 것이라 생각하고 아직 경매 사건이 완전히 해결되지 않은 것일 수도 있으니 나중에라도 연락해주었으면 하는 바람이 있지만, 시간이 꽤 지나도 그 회원으로부터 아무런 연락을 받지 못했다.

처음 회원에게 받았던 절박한 심정을 온몸으로 느꼈기에 필자도 책을 찾아보고, 확실하지 않은 것은 멘토에게 질문을 통해서 답을 찾아가면서 조금이나마 도움이 되고자 했었는데 막상 일이 정리된 뒤에는 연락이 끊긴 것이었다. 필자와 약속했던 '후기'는 고사하고 말이다.

앞으로도 필자에게 이런 질문이 계속 들어올 것으로 예상된다. 필자가 이 회원에게 도움을 드린 것은 그 회원 개인의 절박함 때문이었고, 그 회원이 작성한 후기를 통해서 차후에 동일한 상황에 빠진 사람들에게 도움이 되었으면 하는 바람이었다. 비록 이 회원에게 이후 아무런 연락을 받지 못했지만, 필자는 초심을 잃지 않고 지식 나눔을 진행하겠다는 다짐을 했다.

부동산 조정장은 (경매) 기술 습득에 중점을 둬야 할 시점

2018년 하반기부터 투자금이 떨어지고, 정부의 부동산 정책으로 쉽게 투자를 진행하지 못했다.

비단 소액 투자자들이 밀집한 필자가 활동하고 있는 더리치뿐만 아니라 전국에 있는 대부분의 투자자가 같은 상황인 것 같다.

필자 역시 그중 한 명의 투자자라고 생각하고 있고, 이런 상황에선 어떤 목표와 방향점을 갖고 접근해야 하나 고민이 많아지고 있다. 고민하면서 부동산에 대한 접근 방식을 아래와 같이 두 가지로 나누어보았다.

1) 기본적 관점 : 입지 분석을 통한, 시세 차익에 집중

2) 기술적 관점 : 거래 방법 다각화 및 투자 포트폴리오 분산

2015년부터 이어졌던 수도권 부동산 상승장에서는 1번에 집중한 분들이 큰 시세 차익을 얻은 반면, 2번으로만 중점을 둔 분들은 다소 아쉬움이 남았던 시기가 되었다.

하지만 현재 부동산 시장이 조정 국면을 맞이한 시점에 단순 일반 매매를 통해 주택 수를 늘리는 것이 큰 의미가 없어졌다. 수도권의 대부분 아파트가 사면 오르던 시기가 지나버렸기 때문이다.

2018년, 가즈아로 시작된 투자 열풍. 이제는 어디로?

몇 달 대형 부동산 카페를 돌아다녀 본 결과, 재밌는 현상이 발생했다.

수도권 시세 차익형 투자만을 중점을 두었던 사람 중 일부분이 투자에 대한 직접적인 관심 자체가 떨어지거나, 관심의 주제가 달라지기 시작한 것이다. 그중 투자를 시작하지 못한 사람들은 다음을 기약하며 손을 놓게 된 분들도 상당하다.

1477283	상현마을(현대2차, 쌍용2차, 성원상떼빌) 임장 및 재조명~~(1) 😊 [8]
1477238	캐파 매도 및 역세권 재투자 의견 구해요~~ [116]
1477205	[질문] 신현이편한세상-청라5단지골드클래스 [54]
1477166	5000으로 갭투자 할만한곳 있을까요? [30]
1477157	스페셜티 커피라고 많이들 들어보셨나요? 와이프가 투자를 하겠다네요~ [2]
1477128	부동산 기법투자? 플랜투자?
1477092	안양평촌 동작부영아파트 투자목적으로매매했는데 잘한건지 ..고수님들답변바래요 [2]
1477080	[공유] <<교통망도 모르면서 부동산 투자를 한다고?>> (7) 신안산선 자세히 들여다보기 - 2 [7]
1477052	금융위기급으로 한번 옵니다 [19]

부동산이 한창 급등하던 시점, '투자'의 키워드로 검색된 내용

1614634	대출부적격 세대로 인한 미계약분 선착순 동호지정 😊 [3] Ⓝ
1614606	[공유] 67조 투자막는 수도권 거미줄 규제...기업 해외탈출 부추겨 [1] Ⓝ
1614597	Exit strategy(부동산 출구전략) 😊 Ⓝ
1614583	[공지 위반] 주거만족도 최고인 의왕 내손e편한세상 매매 및 전세 내놓습니다 [1] Ⓝ
1614577	윤화섭 시장의 100개의 정책공약들 Ⓝ
1614567	[공지 위반] 다산 힐스테이트VS다산 금강리버테라스1차VS다산자연앤이편한 1차 전세 세입자 모십니다 😊 Ⓝ
1614565	[광고성글] 영통 풍림 매매합니다. 😊 Ⓝ
1614549	접근성, 조망권, 투자가치, 두루 갖춘 충주 세월교 인근 전원주택부지 😊 Ⓝ
1614537	GTX-C노선 금정역에 위치한 안양2차 SK V1 Center 😊 Ⓝ
1614535	앞으로 발달할 기흥역에 있는 지식산업센터 😊 Ⓝ

부동산 시장이 조정 국면에 들어간 시점, '투자'의 키워드로 검색된 내용

대충 검색해보더라도 특정 단지 투자를 위한 내용이 상당수 사라진 것을 느낄 수가 있다. 단순 카페에서만 느낀 착각일 수 있으니 데이터로 한번 검색해보면,

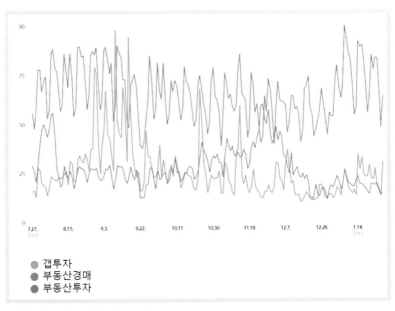

부동산 상승장 대비 부동산 투자, 갭 투자에 대한 검색 비율이 상낭수 줄어들고 있는 것을 느낄 수 있다.

반면, 부동산 경매에 대한 검색 량이 어느 정도 상승하고 있는 것이 눈에 들어온다.

대체 왜 이런 현상이 발생한 것일까?

　　　　　　　　　　　　　Part 5. 투자의 집중도를 높이기 위한 부동산 생존 전략

***

2019년도 초반, 경매 새싹반 52기 카치코치님은 2억 원 초반대로 시세가 포진되어 있는 아파트를 1억 6,000만 원대에 낙찰받게 되었다. 경매 새싹반 졸업 후 경험상 입찰했다고 한 것인데, 덜컥 낙찰된 것이다.

물론 당시 부동산 시장 분위기상 쉽게 매도할 순 없었기 때문에 보수적인 가격으로 입찰했었는데, 명도를 하고 보니 올수리까지 되어 있었다. 한마디로 대박 낙찰. 결국 카치코치님은 바로 월세 계약을 통해 매달 월세 수익을 얻고 있다.

[부동산 선행지표 법원경매]
"집값 더 떨어질것" 입찰 미뤄... 낙찰률은 1년새 절반 뚝
파이낸셜뉴스 | 입력 : 2019.01.14 17:47 | 수정 : 2019.01.14 17:47

계속 이어지는 집값 하락 기사

누구도 쉽게 움직이지 못하고 있을 지금 경매하기 아주 좋은 타이밍이 왔다고 생각한다.

부동산 투자 심리 위축

대출 억제를 통해 다주택자 입찰 제한

부동산 경매의 경쟁률을 낮추는 요소 증가

경매 투자자에게 사실 아주 좋은 현상이다. 한동안 절대 불가능했던 감정가의 60~70% 낙찰이 가능해진 것이다. 물론 이 정도 낙찰가율은 지방에 한정한 것이며 인기 지역들은 아직도 경쟁률이 높다.

최근 들어서 이 때문에 경매의 필요성에 대해서 주변 지인들에게 어필하기 시작했다. 근 몇 년 동안 잘 보이지 않던 경매 타이밍이 왔다는 생각이 들었기 때문이다.

2019년도 상반기에 차량 경매 입찰을 했을 때, 많은 카페 회원들이 응원해주었는데, '수익적인 측면'으로 계산기를 두드리다 보니 패찰을 하게 되었다. 지금 생각해보면 조금 더 공격적인 입찰을 했어야 하지 않나 하는 아쉬움이 강하게 든다(참고로 차량 경매의 경우 온라인으로 입찰하는 공매/오토마트보다는 경쟁률이 덜하다).

단순 낙찰을 통해 시세 차익을 내지 못한다는 아쉬움보다는 경험을 얻지 못한 것에 대한 후회였다. 이번 패찰은 눈앞의 작은 수익에 눈이 멀어 앞으로 있을 큰 수익의 기회비용을 날린 것이기 때문이다.

2019년, 본격적인 부동산 조정장의 시작. 경매 투자자들은 새로운 스토리를 써 내려가리라 생각한다. 이를 잘 알고 있기 때문에 필자는 계속해서 입찰을 진행하고 있다. 아까웠던 서울 아파트를 매도하고 투자금을 만들어 시세 차익용 단타형 아파트를 계속 입찰하고 있다. 하지만 그때마다 아슬아슬하게 차순위 입찰자가 되면서 패찰을 하고 있다. 하지만 계속 도전하면 곧 열매를 맺을 수 있을 것이라 생각한다.

물론 경매로 대박을 꿈꾸는 사람들이 생각할 때는 이런 경매 단타 하나가 몇 억의 시세 차익을 만들어주지는 못하기 때문에 아쉬움은 있을 것이다. 하지만 필자는 확실한 수익을 만들어주고, 경험을 계속해서 누적하다 보면 앞으로 더욱 큰 기회가 찾아올 것으로 생각한다.

남들은 부동산 정책과 시장을 원망하고 있을 때 본인만의 기술로 시세 차익의 즐거움 마음껏 누리도록 해보자.

마치면서

돈 냄새를 찾아가는 사람들과 함께하자

당신은 돈이 살 붙는 성격의 사람인가? 살다 보면 돈이 잘 붙는 사람들이 있고 이상하게 투자하는 족족 돈을 날리는 사람들이 있다. 단순히 운이라고 보기에는 무언가 맞지가 않다.

어떤 차이가 있는 것인지 일반 사람들은 절대 알 수 없다. 필자는 오산시에서 진행하는 '부동산 생존 상식' 강의 중, 부동산 투자 파트에서 '당신은 부자가 될 성향을 가지고 태어났는가?'라는 질문을 하면서 시작한다. 재미 삼아 집어넣었던 내용이지만, 몇 번 진행한 결과, (필자를 포함한) 수강생들은 대부분 부자가 될 수 있는 성향을 가지고 있지 않다는 결론을 얻게 되었다. 생각해보면 당연하다. 누구나 쉽게 부자가 될 성향을 가지고 있었다면, 지금의 모습과 전혀 다른 세계가 펼쳐질 것이기에.

---

01. 스스로 운이 좋다고 생각하는 낙관주의자입니까?
02. 남이 가지 않는 것을 좋아합니까?
03. 무엇을 배우든 기본에 충실합니까?
04. 성실해서 다른 사람에게 신뢰감을 줍니까?
05. 내 집 마련을 남보다 빨리 했습니까?
06. 무엇을 하든 참을성을 갖고 이겨냅니까?
07. 크고 작은 계획에 대해 기록하는 습관이 있습니까?
08. 당신을 진심으로 지지해주는 친구(배우자 포함)가 있나요?
09. 매순간 시의적절하게 혼자서 결단을 내리나요?
10. 미래를 위해 매일 투자하고 있습니까?
※ 출처 : 알아두면 좋은 부동산 상식 부동산 생활 백서
→ 위 항목 중 7개 이상 항목에 체크를 했다면 부자가 될 수 있는 성향이 있다.

당신은 부자의 성향을 가지고 있는가 체크리스트

그런데 재밌는 것은 강의 중 다소 어려운 내용과 임대인으로서 신경을 써야 하는 내용이 나오면 지레 겁먹고 포기하는 사람들이 생겨나기 시작한다.

저렇게까지 해야 하나?
지금도 그냥 먹고살 만한데 적당히 살아야겠다.

한 번 투자해보지 않고 짧은 강의 내용만 듣고 어려워 보이는 내용이 나오니 (부자가 될 수 없는 본성이) 그대로 나타나게 된다. 부자를 꿈꾸고 있지만, 부자가 되기 위한 첫걸음인 투자에 대한 진입장벽을 허

물지 못하고 있다. 물론 이들 중 일부는 '묻지마 투자'로 인해 큰 손실을 본 사람들도 상당수 있었다.

'나는 부동산과 맞지가 않아. 그냥 투자를 안 하는 것이 자산을 지키는 지름길인 것 같아.'

이런 분들의 이야기를 자세히 들어보면, 몇 억이라는 돈을 소위 부동산을 좀 안다는 사람들의 이야기를 듣고 큰 고민 없이 투자로 진행한다. 그런데 막상 그들은 전문가가 아닌 경우도 많다. 단기간 교육을 받고 컨설팅을 진행하는 부동산 투자 직원들도 상당수다. 그래도 묻지마 투자를 하는 사람들은 돈을 벌 수 있는 기회는 열려 있다고 생각한다. 지인의 정보 등, 운이 좋은 경우 큰돈을 벌 수 있는 상황은 발생할 수 있기 때문이다.

하지만 대부분의 경우, 자산 손실이라는 결과를 낳고 부동산 투자의 생태계에서 아예 발을 떼게 된다.

그런데 돈을 지키는 강의가 아닌, 돈을 버는 방법이 중심인 강의는 수강생들의 성향이 전혀 다른 것을 알 수 있다. 어느 정도 자본을 가지고 있어 윤택한 삶을 살고 있지만 더 큰 목적을 가지고 투잡, 쓰리잡을 진행하는 회원들, 일반인들과는 다른 생각과 행동 패턴으로 문제를 해결해나가는 사람들. 필자의 경우 자영업을 하면 망하는 지름길이라고 어머니에게 숱한 정신 교육을 받아왔다. 하지만 계속해서 배움을 멈추지 않고 노력하는 사람들은 자영업으로 성장 가도를 밟는 사람들도 상당수 있다는 것을 알게 되었다.

일반인들이 모여 있는 터전에서는 전혀 생각지도 못했던 일들이 투자자들이 모여 있는 곳에서 벌어지고 있는 것이다. 이런 사람들과 함께하면 지금까지 느끼지 못했던 에너지를 얻을 수 있고, 일반적인 사고의 큰 틀을 깨주게 된다.

즉, 부자가 되고 싶어 하는 사람들이라면 첫 번째로 현재의 환경을 바꾸고 새로운 인맥과의 연결을 시도해야 한다. 다소 자극적으로 들릴 수 있겠지만, 투자자들이 밀집한 공간으로 뛰어들어야 나 또한 그들과 동화되고 투자자가 될 수 있다는 것이다. 왜냐? 나는 부자가 될 수 있는 성향을 가지고 태어나지 않았기 때문이다.

그렇다고 하더라도 좌절하지 말고 부자가 되기 위한 길을 포기하지 않았으면 좋겠다.

가난하더라도 부자의 줄에 서라

부자를 꿈꾸는 자들과 함께하고 있다면 일단 절반은 성공한 것이다. 하지만 그들 모두가 부자가 된 것은 아니기에 나머지 추가로 필요한 조건이 하나 있다.

히브리 문학 연구가인 테시마 유로 씨가 쓴《가난하더라도 부자의 줄에 서라》에서는 탈무드에서 기반한 유대인들의 지혜가 담겨 있다. 이 책에서는 현재 가난하게(평범하게) 살고 있더라도 부자들과 어울리고 그들의 행동과 습관을 배우라는 것이 주된 내용이다.

그러면 이제 탈무드의 내용처럼 부자가 되고 싶다면 부자의 습(꽙)을 익히도록 하자. 부자의 습관을 따르고 그 패턴을 학습해 내 것으로 만들어나가야 한다.

하지만 이상과 다르게 현실은 부자의 길을 갈 수 없도록 길을 막는 수많은 암초가 존재한다. 가공되지 않은 조언·실패 사례로 그럴싸한 내용을 일삼는 주변인, 대중들의 분노를 유발하는 내용으로 클릭 수를 유발하는 언론 등. 이런 내용은 부자들에 대한 무조건적인 반감과 적대 심리가 일부 반영이 되어 있다. 누구나 부자가 되는 것을 꿈꾸지만, 내가 잘 모르는 내용은 불법이라는 편견에 휩싸이게 되는 것이다.

주변을 한번 둘러보자. 수많은 상가와 주택, 그리고 토지. 정말 돈 많은 소수의 사람만이 소유할 수 있는 것일까? 그중에서 일부분은 필자와 같이 대박을 꿈꾸기보다는 조금씩 변화를 꿈꾸는 소액 투자자들도 있다. 물론 투자금의 규모가 작기 때문에 투자에 따른 큰 소득을 쉽게 얻을 수 없지만, 경험을 계속해서 쌓고자 노력하는 것이다. 1,000만 원짜리 투자든, 1억 원짜리 투자든 한 건이라는 경험은 동일하기 때문이다.

부자가 되고 싶다면 변화가 필요하다. 타고난 부자의 성향을 가지고 있지 못했다면, 부자들과 함께할 수 있는 환경으로 나를 밀어 넣어보자. 영화 〈매트릭스〉1편에서 나왔던 것과 같이 알약을 먹은 후, 내가 전혀 알지 못했던 세계가 펼쳐질 것이다.

본문에는 힘들고 서툴렀던 내용 위주로 담았기에 필자가 실패한 투자의 비율이 높은 것이 아닌가 생각할 수 있겠지만, 책에 담지 못한 일들도 상당히 많다. 시세 차익을 보고 수익 매도한 주택뿐 아니라 다달이 120~200만 원의 정기 소득을 얻고 있기에 경제적 자유를 위해 조금씩 달려가고 있다.

과거를 한번 돌아보면 등기부등본 한 번도 열람해보지 않았던 내가, 집주인과 월세 계약 말고는 해본 적도 없었던 내가 어떻게 이런 큰 변화를 얻게 되었는지…. 부동산을 시작하지 않았다면 꿈도 못 꿨을 일이다. 물론 경제적 자유를 이루기 위해서는 아직 먼 길을 가야 한다. 앞으로 고난들도 계속 나타날 것이다. 부동산 투자 만 4년이 조금 지난 지금 아직 큰돈을 벌었다고 볼 수는 없지만, 크게 달라진 것은 하나 있다.

바로, 고난의 일상화다. '역전세, 누수, 협상, 파손, 공실, 월세미납, 소송, 금리인상' 등 일반인들이 듣는다면 하나하나가 모두 극도로 스트레스받는 일이지만 이러한 일들이 이제는 일상이 되어버렸다. 즉, 스트레스 내성이 강해진 것이고 이런 일들이 발생한다고 하더라도 잘 해결할 수 있는 경험치가 쌓이게 된 것이다.

앞으로도 투자자의 고난을 기쁘게 받아들이면서 투자를 계속하고 싶다. 필자의 경험을 통해서 큰 용기를 얻었으면 좋겠다.

* 필자의 부동산 투자 실무적인 경험에 대해서 궁금하거나 경매 기초에 대해서 배우고 싶은 분들은 더리치 카페(cafe.naver.com/ontherich)에 가입해보길 바란다. 필자가 활동하는 카페에서는 언제나 함께하는 투자를 지향하고 있으니 회원들과 함께 투자의 즐거움을 얻길 추천해드린다.

기억하자. 투자의 시작은 언제나 용기와 작은 발걸음부터이고 카페의 '가입 인사'에서 인생이 뒤바뀔 수 있다.

투자에서 작은 실패는 눈물이 되기도 하지만 길이 되기도 한다.

투자는 산길과 같아서 매일 오고가지 않으면 수풀이 우거진다.

- 좌포의 부동산 경매 더리치 강의장에서 발췌 -

독하니깐 더 고독하게

- 코몽이가 부몽님과
  부동산 투자자들에게 보내는 글

부몽님을 알고 지낸 지 벌써 10년이 넘었다. 대학교에 입학하고 부몽님을 처음 봤을 때 에너지가 넘치고 흥이 있는 사람이라고만 생각했었다. 생각해보면 학교 다닐 때부터 뭔가를 계속 많이 했었다. 관심 있는 분야가 많았고, 행동하면서 즐거움을 많이 느끼는 사람 같았다.

그 뒤로 시간이 흘러 부몽님과 정식 교제를 하게 되었고, 함께하는 시간이 정말 즐거웠다. 그렇게 평화로운 연애를 하던 중, 날벼락과도 같은 사건이 발생했다. 어디서 흘려 왔는지 갑작스럽게 부동산 경매라는 것을 시작한다고 하는 거였다.

나는 '사업'과 '모험'을 좋아하지 않는다. 기존에 했던 다른 활동들은 그러려니 했는데 이번엔 부동산 경매라고 하니 걱정이 앞서기 시작했다. 사실 경영학을 전공했기에 대학교 1학년 때부터 대출이 자산이라는 것은 배워서 알고 있다. 그런데 그건 현실적으로는 와 닿지 않는, 정말 이론일 뿐이었다. 하나의 공식처럼 머릿속에 외워서 받아들여지지 않는 것을 억지로 구겨 넣었다.

두렵고 무섭긴 했지만, 경매라고 하는 것이 혼자 즐기기 위해서 하는 것이 아닌, 미래를 위한 준비 과정이라고 생각했기에 그저 묵묵히 응원할 수밖에 없었다.

그래도 부몽님을 보고 있으면 굉장히 불안했다.

'경매를 하다가 큰돈을 잃지 않을까', '경매를 하다가 해코지를 당하지는 않을까', '대출이 우리의 평화로운 삶을 집어삼키지 않을까'

잘 있다가도 어디선가 전화가 와서 통화하는 내용을 몰래 들어보면 심상치 않았던 적도 많았다. 나였다면 이미 스트레스 한 움큼 받고도 남았을 정도의 내용이었다. 또 전화를 마치고 와선 어떤 내용인지 직접적으로 얘기해주지 않으니 알 도리가 없어 더 불안함이 컸다.

그래서 혹시나 하는 마음에 부몽님이 활동하는 부동산 경매 카페 모임에도 한번 참석해봤다. 잘 알지는 못했지만 하루짜리 공개 강의도 들어보고 산행, 연어 축제, 송년회 등을 참석해봤다. 그렇게 카페 대표인 좌포님을 비롯한 다른 회원들을 보고 대화해보니 마음이 조금은 놓였다. 예상했던 것과는 다르게 다들 주변에 흔히 볼 수 있는 일반 회원들이었고, 부몽님에게 상당히 호의적이라는 것을 느꼈기 때문이다. 그래서인지 앞으로 문제가 생긴다고 하더라도 같이 도움을 받아가면서 잘 헤쳐나갈 수 있겠다고 생각했다.

부몽님의 변화는 나에게도 큰 영향을 미쳤다. 부몽님은 갑작스럽게 경상남도 특정 지역의 지역 분석 발표를 준비한다고 자료를 준비하기 시작했다. 아파트 공급량을 파악하고, 또 알 수 없는 데이터들을 편집해 자료를 열심히 만든다. 그리고 정리가 조금 되었는지 왕복 600km 를 운전해 부동산 현장에 주말마다 다녀오고, 호재들에 대해서 분석하기 시작했다. 뭐 거기까지는 좋았다. 나는 그냥 임장을 갈 때 잠시 따라만 가면 되는 것이었으니까.

그런데 어디서 봤는지 채용 공고문을 하나 가져왔다. 자기가 부동산 지역분석을 하면서 공공기관의 데이터를 참고했는데 거기에 마침 채용공고가 있어 보았더니 딱 나에게 적합한 회사라고 하는 것이었다.

맙소사. 회사에서 하는 일은 다름 아닌 기업 부동산 임대였다. 누구 한테 딱 적합한 것인지 참 황당했다. 일단 관심이 별로 없는 일이었기에 흘려 넘기려 했는데 근로 조건이 나쁘지 않았다. 지금 일하고 있는 곳 위치가 좋지 않아서 나중에 신혼집 위치를 정하는 데 애매했기에 그래도 용기 내어 지원해봤다.

부몽님의 장점 중 하나는 가능성이 있으면 일단 해보는 것이다. 예를 하나 들자면, 대학생 때 나도 잘 몰랐던 경남 지역 장학 이사단 정보를 가지고 와서 나에게 지원하도록 (반 강제로) 시켰고 이로 인해 장학금을 몇 번 받았던 적이 있었다. 나는 조건이 맞지 않아 안 되리라 생각했는데 장학금을 받았던 것이었다. 이런 일들이 몇 번 있었기에 왠지 합격할 것만 같은 느낌이 들었다. 아니나 다를까 그 느낌은 적중했고, 나는 부동산 관련 업종으로 이직하게 되었다.

이런 성향이 살면서 장점으로만 다가올 줄 알았는데 투자를 시작하니 오히려 단점으로 보이기 시작했다. 벌리는 일들도 많았고 변화가 너무나 많았기에 처음엔 정말로 힘들었다. 게다가 저질러놓은 일들 대부분이 나에게도 전달되었기 때문에 황당하기도 했다. 뭐 그렇게 얼마 하고 말 줄 알았는데, 4년이 됐는데도 멈출 기미가 전혀 없다. 오히려 경매 시작을 할 당시는 귀여운 정도였다. 그렇게 해도 지겹지도 않은지 온종일 부동산만 이야기하고 하루 종일 부동산과 관련된 활동만 한다. 처음에는 이 현실을 받아들이고 싶지 않았지만, 이제 나는 투자자의 반려자가 되었다.

물론 오해할까 봐 이야기하자면, 부몽님이 나와 가정에 소홀한 것은 아니다. 장거리 출퇴근하는 나를 위해 요리, 청소 등 집안일을 도맡아 하고 있다. 그러다 보니 짠한 마음에 더 응원할 수밖에 없었다.

이렇게 지금까지 내가 할 수 있는 것은 단순히 응원밖에는 없었다. 부동산과 경매에 대해서 부몽님에게 어깨너머로 들은 것이 전부이기 때문에 실질적인 도움이 되진 못했다. 그래서 한편으로는 혼자 의사결정을 내리고 혼자 많은 사람과 협상을 해나가면서 얼마나 힘들었을까 싶다.

부몽님뿐 아니라 전국의 독한 투자자들에게
독하게 투자하느라 홀로 고독해진 투자자들에게

내가 전국의 투자 반려자 입장을 대변할 수는 없지만, 직접적으로 최전선에 나서서 힘을 실어주지는 못하고 있지만, 항상 응원의 메시지를 던질 것이다. 비록 부몽님과 같은 투자자들보다는 다소 느릴 순 있지만, 투자자의 역할로 나란히 걸어갈 수 있도록 나도 변화하고 싶다.

본 책의 내용에 대해 의견이나 질문이 있으면
전화 (02)333-3577, 이메일 dodreamedia@naver.com을 이용해주십시오.
의견을 적극 수렴하겠습니다.

부동산 생존 투자 전략

제1판 1쇄 | 2019년 11월 15일

지은이 | 부몽(유재창)
펴낸이 | 한경준
펴낸곳 | 한국경제신문 *i*
기획제작 | (주)두드림미디어
책임편집 | 최윤경

주소 | 서울특별시 중구 청파로 463
기획출판팀 | 02-333-3577
영업마케팅팀 | 02-3604-595, 583 FAX | 02-3604-599
E-mail | dodreamedia@naver.com
등록 | 제 2-315(1967. 5. 15)

ISBN 978-89-475-4523-5 (03320)